Le Pouvoir de dire non

DU MÊME AUTEUR

Mémoire de paix pour temps de guerre, Grasset, 2016.
La Chute de Napoléon, Perrin, 2015.
Zao Wou-Ki et les poètes, Albin Michel, 2015.
Seul le devoir nous rendra libres, le Cherche Midi, 2012.
Zao Wou-Ki. 1935-2010, Flammarion, 2012 ; 2017.
Notre vieux pays, Plon, 2011.
De l'esprit de cour. La malédiction française, Perrin, 2010 ; Tempus, 2012.
La Cité des hommes, Plon, 2009.
Le Dernier Témoin, Plon, 2009.
Zao Wou-Ki. 1935-2008, Flammarion, 2009.
La Chute ou l'Empire de la solitude. 1807-1814, Perrin, 2008 ; Tempus 2010.
Hôtel de l'insomnie, Plon, 2008.
Le Soleil noir de la puissance. 1796-1807, Perrin, 2007 ; Tempus, 2009.
Zao Wou-Ki, Carnets de voyages 1848-1952, Albin Michel, 2006.
L'Homme européen, avec Jorge Semprún, Plon, 2005.
Urgences de la poésie, Éd. de la Maison de la Poésie du Maroc, 2005.
Le Requin et la Mouette, Plon, 2004.
Un autre monde, L'Herne, 2003.
Éloge des voleurs de feu, Gallimard, 2003.
Le Cri de la gargouille, Albin Michel, 2002 ; Le Livre de poche, 2003.
Les Cent-Jours ou l'Esprit de sacrifice, Perrin, 2001 ; Tempus, 2002.

Dominique de Villepin

Le Pouvoir de dire non

Flammarion

ISBN : 978-2-0804-9928-8

Il a été tiré de l'édition originale de cet ouvrage
40 exemplaires sur Conqueror Connoisseur
des papeteries Arjowiggins
numérotés de 1 à 40.

Introduction

Le ruban de la haine

Ce livre est né dans l'urgence et pour l'urgence de notre temps. Il est né d'un réveil nocturne, tout d'un coup cette évidence qui vous déchire comme un éclair : tout est en train de nous échapper, de partir en poussière entre nos mains. J'en ai parlé autour de moi. Je me suis rendu compte que d'autres faisaient le même cauchemar, attendaient le même sursaut.

Ce livre porte une conviction simple : il est temps de se réveiller, plus que temps. Se réveiller, cela veut dire sortir de cette inaction cotonneuse, pâteuse, dans laquelle nous plonge le spectacle des chaînes d'information en continu et des réseaux sociaux, ce déluge de demi-vérités qui se nourrit de notre impuissance et nous gave de publicités. La somme de toutes nos colères ne fera pas encore le début de la moindre action. Se réveiller, cela signifie déchirer les voiles d'illusion qui recouvrent les réalités. C'est regarder le monde et la France tels qu'ils sont vraiment. En politique, la perception fait tout dans la conquête du pouvoir comme dans son exercice. Cela impose de surmonter le jeu des occultations : sur la colonisation et la décolonisation, sur la construction européenne, sur la mondialisation ou la répartition des richesses. Longtemps, ces silences et ces non-dits sont apparus indispensables pour continuer à vivre ensemble, mais aujourd'hui ils nous empêchent de penser et d'agir. Tout commence par le pouvoir de dire non, qui est donné à chacun devant ce qui porte atteinte à l'avenir de l'humanité et à la dignité de la République.

Se réveiller, cela demande de secouer nos consciences, de renoncer aux réflexes politiciens, aux petits calculs tactiques, aux assignations à résidence partisanes. Il s'agit de faire un pas de côté et de se demander : qu'est-ce qui compte véritablement pour moi ? Qu'est-ce qu'être un Français, un Européen, un Humain, un Terrien ? Qu'est-ce que cela veut dire, intimement, d'être français ? Et surtout, quelles sont les conséquences que je dois en tirer ? Il est temps, je crois, de sortir de ce dénigrement constant de la France ou des Français, qui, à force de facilités ou de vieilles lunes, finit par être une excuse commode pour ne rien faire. Il est temps de retrouver la fierté de la France, de ce qu'elle signifie dans le monde, de ce qu'elle a accompli chez nous, offrant des chances, des horizons et des solidarités à ceux qui n'en avaient pas. Sachons être fiers de la France quand elle dispense une santé de qualité qui reste, en dépit des difficultés, parmi les toutes premières au monde – tout en coûtant bien moins cher qu'aux États-Unis, de l'ordre d'un quart de moins en proportion du produit intérieur brut. Sachons être fiers de notre école sans rien ignorer de ses problèmes, là aussi, quand elle est capable de former parmi les plus brillants mathématiciens du monde et parmi les principaux spécialistes de l'intelligence artificielle. Sachons être fiers, même en restant vigilants sur les évolutions et les progrès possibles, d'une sécurité qui nous permet de vivre, avec le reste de l'Europe de l'Ouest, dans l'espace le plus sûr du monde, avec un taux d'homicide six fois inférieur à celui des États-Unis.

Se réveiller, cela implique même de revenir à la vie, de sortir du coma dans lequel nous sommes plongés. Car, bien souvent, nous avons le sentiment d'errer dans une société zombie, ni morte ni vivante, où tout se fait par réflexe ou par habitude. Une société entière dont le visage ne s'illumine plus que par le rétroéclairage d'un écran – et cessons de faire croire que les jeunes sont seuls à succomber. Une société entière en bulle, sous ses écouteurs et derrière ses algorithmes de recommandation, parfois aussi derrière les barrières de l'argent. Des pays entiers dont la diplomatie semble consister à faire croire qu'ils continuent d'exister, tant il y a longtemps qu'ils ont renoncé à peser, sans même parler d'agir. Des États zombies guettés par la défaillance.

Il faut se réveiller, parce que nous sommes en train de perdre pied. Le monde se durcit et se recompose de façon durable et dangereuse. L'arrivée de Donald Trump à la Maison-Blanche n'a pas changé le monde du jour au lendemain. Elle a simplement levé le voile sur des mutations profondes déjà à l'œuvre. Nous perdons pied dans notre propre pays, entraînés par un projet de déformation de l'idée républicaine qui vise, petit à petit et insensiblement, à nous en priver, comme la grenouille qu'on fait bouillir sans qu'elle s'en rende compte, en augmentant degré par degré la température dans la casserole. Un projet auquel il s'agit d'opposer la vigilance républicaine, mais aussi une rénovation républicaine.

Que peut un livre, un livre de plus ? D'abord, il peut affirmer la foi dans les livres. Elle m'a toujours habité. Je crois que c'est une forme unique de dialogue humain, affranchie du temps et de l'espace. C'est une invitation à voyager dans le temps, à entrer en conversation avec ceux qui nous ont précédés et ceux qui nous suivront, à tisser ce lien qui fonde ce que nous appelons l'humanité. Dans une époque qui lit de plus en plus, mais de moins en moins de livres, c'est un geste en soi. En politique aujourd'hui, internationale autant que nationale, écrire un livre est un acte de foi, pas une stratégie de communication.

Ensuite, un livre peut offrir des accroches, des prises pour quiconque voudra s'en saisir. Je ne crois ni à la propriété des idées, ni à la possibilité de convaincre de tout ce qu'on dit. Chacun lira ce que j'écris différemment, à partir d'une expérience, d'un tempérament, d'un socle de convictions. Personne, sans doute, ne souscrira à tout. Mais j'aimerais que chacun reparte avec trois, quatre – cinq peut-être – braises vives pour nourrir son propre feu. Contre l'appauvrissement spirituel, contre le gel des esprits, je crois en une politique de l'essaimage : ce qui d'un fait plusieurs, puis des milliers.

Enfin, un livre réveille ce qu'il y a de meilleur chez les êtres humains. Des bréviaires de la haine, il y en a, bien sûr, mais en réalité ils sont peu souvent lus. Ce sont les livres d'espoir qui s'arrachent et se transmettent. Des lecteurs haineux, il y en a aussi, évidemment, mais ils ne finissent que rarement leur lecture. Les livres sont des barricades d'espoir, pour alerter, pour inventer d'autres avenirs, d'autres mondes possibles ; des espaces sûrs où l'imagination, même naïve, est encore permise. On a voulu m'accoutrer de costumes épiques : Don Quichotte parcourant le monde pour affronter des moulins à vent ; le comte de Monte-Cristo préparant son retour et sa vengeance ; Cyrano égaré dans la quête d'un idéal inatteignable. Dans un pays si romanesque qu'un président de la République s'est interrogé sur son propre roman national, je prends cela comme un honneur. Je veux bien assumer, parce que je crois que nous sommes, nous tous, lecteurs, les citoyens naturalisés de cette République des Lettres qui, n'existant que dans les esprits, ne saurait être renversée.

Le livre est le plus court chemin de l'éveil à l'action.

Le défi pour penser notre époque est immense. Toutes les pièces du puzzle semblent bouger en même temps sans jamais trouver leur place définitive. Nous sommes nombreux à nous sentir découragés, à devoir recommencer chaque jour l'effort d'interprétation, de compréhension, de saisie du monde, pour le reprendre sans cesse par un autre bout. Bien d'autres renoncent et se disent qu'il n'est pas possible de s'appuyer sur une vérité, peut-être même pas sur une réalité tangible, car tout semble affaire de perspective ou de perception.

Ce monde ressemble à une grande illusion d'optique, à une prison de Piranèse ou à une maison dessinée par Escher, où les escaliers montent sans jamais redescendre, se croisent sans jamais être au même niveau. C'est un ruban de Möbius qui poursuit sa boucle infinie, face dessus, face dessous. J'ai voulu en suivre le mouvement jusqu'au bout : du monde vers notre pays, de notre pays à nouveau vers le monde. Voilà le geste d'ensemble de ce livre.

Car ce qui frappe le plus dans cette nouvelle époque, c'est que politique extérieure et politique intérieure sont désormais totalement liées. Pour le montrer, ce livre mène d'abord de l'extérieur – le monde – vers l'intérieur – la France – en tentant de donner à voir les transformations impériales induites par un monde de rareté, et la manière dont elles se répercutent sur les formes de pouvoir, sur les relations humaines, sur les tensions sociales à l'intérieur des sociétés. Puis le ruban poursuit son mouvement, comme inversé, conduisant de l'intérieur vers l'extérieur. La décomposition des sociétés, notamment occidentales et particulièrement chez nous, en France, conduit, par la folie identitaire, à l'effacement paradoxal des nations et à la défaillance des États, à la formation de spirales de pouvoir despotique qui nourrissent à leur tour les menaces de rareté. À l'heure où les nouveaux empires et les mouvances illibérales redessinent les rapports de forces mondiaux, il devient impossible de séparer la conduite des affaires internationales de la gestion de nos problèmes nationaux. Les tensions géopolitiques, la rivalité sino-américaine, les crises migratoires, la montée des extrémismes identitaires rejaillissent sur nos choix intérieurs : budget de la défense, politique de sécurité, immigration, organisation des territoires. Et dans l'autre sens, la décomposition des sociétés occidentales nourrit l'essor de populismes qui influencent la scène mondiale. Ces deux dimensions ne cessent de s'interpénétrer, comme un jeu d'écho qui nous oblige à repenser en profondeur les notions mêmes de souveraineté et de responsabilité collective.

Mais j'ai voulu aussi couper ce ruban, pour nous libérer de la répétition mortelle. En rompant leur continuité et en proposant séparément les deux faces du ruban, j'ai voulu montrer que chacune porte en elle sa propre circularité.

La logique mondiale est devenue une boucle infernale, parce que la rareté nourrit la logique impériale, qui entraîne, par l'accaparement, une rareté toujours plus grande, dans un mouvement de constant rétrécissement. Partout, la compétition se durcit pour l'accès aux ressources : terres arables, eau, minerais stratégiques, sources d'énergie. La mondialisation n'a pas mis fin aux appétits impériaux, elle les a relancés dans un cadre plus brutal, où la rareté nourrit la discorde et où la discorde alimente de nouveaux marchés pour l'armement et la surveillance. C'est la première partie de ce livre, « Résister aux Empires », qui est née d'une réflexion engagée dans *Le Grand Continent* en avril 2025.

La logique identitaire nationale forme, elle aussi, une boucle infinie, dans laquelle l'islamisme radical et l'identitarisme se nourrissent mutuellement. Dans certains quartiers, l'enfermement religieux ou communautaire progresse. À l'autre bout du spectre, les discours identitaires et xénophobes se durcissent, exploitant la peur et le ressentiment pour mieux enfermer la France dans une suspicion généralisée. Et cette mécanique vide peu à peu la République de sa substance, entraînant une spirale de polarisation politique qui justifie les prêches des entrepreneurs de haine et sape les communs. C'est l'objet de la deuxième partie de ce livre, « Restaurer la République ».

Georges Pompidou voulait qu'on tranche le *nœud gordien*, ce pour quoi il fallait une épée, et même un Alexandre. Mon ambition est plus modeste, je ne demande qu'une paire de ciseaux – et des lecteurs qui se reconnaîtront en citoyens – pour couper le ruban de la haine. Pour – qui sait ? – une révolution des rubans, capable de transformer un cercle infernal en cercle vertueux, répondant à la rareté par le partage, à la logique de l'ennemi par l'esprit des communs.

Partie I

RÉSISTER AUX EMPIRES

Le monde vit une époque charnière, traversée par des fractures profondes que l'on peine encore à nommer. Il vacille sous le poids de ses propres excès : surexploitation des ressources, dérèglement climatique, incertitude géopolitique. Ce que nous affrontons n'est pas une simple crise, c'est une mutation historique, une bascule d'époque. Les signes sont partout. Les chocs se succèdent sans interruption, sans respiration, la guerre n'a plus besoin d'être déclarée pour exister. Elle se vit à bas bruit. Les catastrophes ne suspendent plus le cours des choses. Elles deviennent une toile de fond. Les exils, les famines, les tornades ne sont plus des événements, mais la normalité d'un monde sans mémoire. Gaza, le Soudan, l'Éthiopie, le Congo : autant de noms tragiques trop souvent relégués à la marge d'un monde développé où l'on préfère détourner les yeux. La répétition engourdit la conscience. La compassion s'épuise. L'indifférence s'installe. Nous sommes pris dans une sidération sans fin, une perte de sens, une forme de paralysie morale. Le réel déborde et les institutions peinent à répondre. Le chaos s'impose : imbrication des crises, perte de visibilité, effondrement des repères. Et dans ce désordre généralisé, chacun cherche à sauver ce qu'il peut. C'est la fuite en avant. Les États veulent renforcer leur souveraineté. Les individus se replient sur eux-mêmes. Chacun aspire à moins de dépendance tout en vivant dans un monde d'interconnexion constante.

Dans ce climat d'instabilité, d'impuissance diffuse, de désorientation profonde, nous sommes pris dans une accélération prodigieuse de l'Histoire, tel un train fou lancé à pleine vitesse dont les passagers ne peuvent plus descendre. 1979 : l'irruption de l'islamisme radical sur la scène mondiale et les révolutions conservatrices anglo-saxonnes. 1989 : la recomposition de la puissance avec d'un côté la chute du mur de Berlin et de l'autre les événements de Tian'anmen. 2001 : la guerre contre le terrorisme et la démesure des interventions occidentales. 2008 : la secousse de l'ordre économique et financier de l'après-guerre, suivie de convulsions de plus en plus rapprochées, à commencer par la crise des dettes souveraines, puis les printemps arabes, la crise migratoire, l'épreuve du Covid, la guerre commerciale, sans oublier la multiplication des États faillis et l'extension des crises régionales.

Le monde entier est devenu un champ de tension. Et pourtant, une autre mutation, plus insidieuse, se dessine : celle du renoncement intérieur. La conscience collective se délite. L'espace public se contracte. La démocratie devient gestion. L'action devient spectacle. Et la question demeure : quelle est la parole qui a fait défaut ? Quel est le geste que nous n'osons plus accomplir ? Quelle est cette fidélité que nous avons abandonnée en chemin ? Pour comprendre ce basculement, il m'a paru nécessaire de déchiffrer les forces à l'œuvre, d'interroger les logiques qui redessinent notre avenir sans toujours dire leur nom, à partir d'une intuition : le trumpisme n'est pas la maladie du monde, il en est le symptôme. Et l'excès d'attention qu'il réclame et reçoit nous détourne de nos maux essentiels. L'idée de progrès s'effrite, les promesses de la modernité se dérobent et l'ordre international issu des révolutions démocratiques semble perdre sa boussole. Face aux vertiges de l'Histoire il nous reste un remède : notre esprit de résistance et la force du refus. Ce pouvoir inaltérable de dire non, non par repli ou nostalgie, mais pour rester fidèles à nous-mêmes et rouvrir le champ des possibles. Pour cela, il faut se donner méthodiquement, progressivement, les moyens de dire non.

Partout, des formes impériales resurgissent – politiques, économiques, technologiques, culturelles – dans un monde livré à la compétition brutale des puissances. Face à cette recomposition globale, il nous faut poser une nouvelle équation : non plus celle de l'illimité prométhéen, mais celle des limites partagées ; non plus celle de la domination, mais celle de la cohabitation. D'où la nécessité d'explorer les logiques d'épuisement, les dérives autoritaires, les fractures, mais aussi les voies possibles d'un sursaut européen et français, dans la fidélité à l'idéal d'émancipation, à la promesse démocratique, à la dignité humaine.

Car l'Histoire n'est pas écrite d'avance. Nous avons le pouvoir de dire non à l'épuisement de la planète, au retour des logiques impériales, à cet âge de fer où la guerre redevient une méthode ordinaire, à la montée des autoritarismes, à la résignation démocratique. Non à la fragmentation identitaire, au repli sur soi, à la perte du sens, à l'effacement du commun.

I

L'épuisement du monde prométhéen

Prométhée est épuisé. Voilà ce que nous devons reconnaître sans détour, avec la gravité qui s'impose. Notre monde, ivre de puissance, vacille désormais au bord de ses propres limites. Le sol se dérobe sous nos pas et l'horizon s'assombrit. Ma thèse est simple : les transformations politiques actuelles et à venir du monde s'enracinent dans un phénomène unique, l'épuisement du modèle de développement de la modernité, fondé sur l'exploitation intensive des ressources naturelles, sur l'intensification continue des échanges mondiaux, sur l'expansion de la sphère marchande dans nos vies, sur la centralité de la puissance militaire pour garantir l'ordre et sur l'illusion de rivaliser avec les dieux. Cinq formes d'excès, un même vertige.

Mais cet épuisement n'est pas seulement matériel. Il est existentiel. Il touche au cœur de notre rapport au monde. Le mythe prométhéen portait une promesse : celle d'un dépassement et d'un affranchissement de la condition imposée. Il fondait une espérance dans la maîtrise. Mais ce geste de puissance, poussé à l'extrême, se retourne aujourd'hui contre nous. Ce que nous dominons nous échappe et ce que nous avons cru maîtriser se rebelle.

C'est ce renversement qui alimente l'angoisse contemporaine : la liberté se confond avec la fuite en avant, le progrès avec le désastre. Nous sentons que quelque chose s'effondre mais nous n'avons pas encore le langage pour le nommer. Nous savons que nous ne pouvons continuer mais nous ne savons pas encore comment nous arrêter.

L'illusion de l'illimité

Pendant des décennies, ce que nous appelions développement a masqué une dette profonde. Une dette écologique envers les vivants, une dette morale envers les peuples spoliés, une dette civilisationnelle envers les générations futures. Ce que nous avons pris sans jamais rendre, ce que nous avons extrait sans compter revient aujourd'hui en boomerang, sous forme de pénuries, de tensions, de migrations, d'un effondrement. Ce temps de la dette ignorée est révolu. Il nous faut désormais apprendre à habiter un monde que l'on soigne plutôt qu'on ne l'exploite, à cultiver un sol non plus comme un gisement mais comme une promesse fragile.

Le mythe prométhéen n'est pas qu'un symbole : il est une matrice. D'abord, le geste de rupture : voler le feu aux dieux. Puis l'outil : le feu devient forge, machine, moteur. Enfin, la chute : la punition et le supplice. Nous avons traversé ces trois âges sans même nous en rendre compte. Aujourd'hui, nous vivons dans le temps du contrecoup parce que nous avons voulu oublier la dette envers la terre, envers les vivants, envers nos enfants. Et cette dette se paie par l'épuisement. Il est partout. Dans les corps fatigués et les esprits saturés. Dans les travailleurs qui n'en peuvent plus. Dans les soignants à bout de souffle, les enseignants désorientés. Dans les jeunes désabusés. Dans les campagnes désertées et toutes les promesses éventrées. Ce n'est pas une image, c'est un fait social. Et les anciens mots – progrès, croissance, innovation – ne suffisent plus à le recouvrir.

L'épuisement des ressources planétaires n'est plus un spectre lointain mais une réalité concrète. Il ne s'agit plus de prophéties alarmistes, mais d'un présent qui chancelle, d'un avenir qui se rétracte. À mesure que montent les eaux et que s'effondrent les écosystèmes, c'est notre modèle de développement qui se révèle pour ce qu'il est : insoutenable et insatiable.

Nous franchissons, les uns après les autres, les seuils du réchauffement comme on franchit des lignes rouges dans un conflit que l'on ne maîtrise plus. Celui de 1,5 °C, longtemps présenté comme une limite à ne pas dépasser, est désormais sur le point de l'être, franchi au pas de charge d'une croissance toujours plus vorace, par une consommation mondiale devenue aveugle à ses propres ravages. Le budget carbone pour s'y maintenir se réduit comme peau de chagrin : moins de sept ans d'émissions et déjà les promesses des États s'étiolent dans l'ombre des renoncements. Les Accords de Paris ne semblent plus que des serments oubliés ou trahis. Et voilà que l'on accepte l'idée d'un dépassement temporaire, comme si l'on pouvait jouer avec la chimie de l'atmosphère et la mécanique du vivant aussi aisément que l'on jongle avec des chiffres sur un tableau d'experts.

Mais ce dépassement est un mirage. On nous parle de compensations par des plantations d'arbres et des technologies de capture du carbone, alors même que les fraudes prolifèrent, que les dispositifs expérimentaux restent balbutiants, que les forêts brûlent plus vite qu'on ne les plante. Le climato-scepticisme a cédé la place au climato-défaitisme, ce mal rampant qui sape les volontés et mine les engagements. Il se glisse partout, dans les discours et dans les urnes. Il se fait fatalisme, résignation, cynisme.

C'est un renoncement mondial qui nous menace, un effondrement de la diplomatie climatique, ce frêle édifice de promesses et de responsabilités partagées. Alors que les conférences se succèdent, l'alerte lancée par Jacques Chirac résonne comme un écho tragique : « Notre maison brûle, et nous regardons ailleurs. » Plus encore, ce défaitisme est une fracture.

Il divise le Nord global et le Sud global, incapables de s'accorder sur une justice climatique, sur un partage équitable du fardeau. Et lorsque la responsabilité collective devient un fardeau individuel, les égoïsmes prolifèrent. Chacun jalouse et se replie. Ce n'est plus une solidarité du vivant, mais une concurrence des survivances.

Ce que nous touchons du doigt, c'est la rareté du monde, l'étroitesse de notre planète. La compétition revient en force, féroce, pour les ressources minérales. Une nouvelle géopolitique des matières premières s'installe, brutale et instable. Le nickel indonésien, le coltan congolais, le cuivre chilien : autant de nouveaux eldorados autour desquels s'aiguisent les appétits, se cristallisent les tensions. L'île de Sulawesi, le Kivu, les plateaux andins deviennent les nouveaux carrefours du monde, non plus pour l'échange, mais pour la conquête. Les trois quarts de la transformation du lithium se concentrent en Chine. Et pendant ce temps, nous poursuivons les mirages fossiles de la précédente révolution industrielle. Le pétrole, le gaz naturel, ces vieux dieux du progrès, continuent de régner, repoussant toujours plus loin les limites de l'extractible, même au prix de l'irréversible. L'Arctique est convoité, l'Orénoque est fracturé, et tout cela en hâtant un pic pétrolier qui crée de nouveaux chocs sans que le monde ait réussi à se désintoxiquer.

Les sols s'appauvrissent et les champs se révoltent contre le productivisme. Comment nourrir huit milliards d'humains dans un monde qui dévore ses propres fondations ? Le ventre de la Terre n'est pas un puits sans fond et les réserves du sous-sol en phosphore, indispensables à l'agriculture, pourraient être épuisées d'ici cinquante à cent ans. On songe aux paroles, telles qu'on a pu se les transmettre, par lesquelles le chef Seattle répondit, en 1854, au gouvernement américain qui lui proposait d'abandonner sa terre aux Blancs en échange d'une « réserve » pour le peuple indien : « Nous savons que l'homme blanc ne comprend pas nos mœurs. Une parcelle de terre ressemble pour lui à la suivante, car c'est un étranger qui arrive dans la nuit et prend à la terre ce dont il a besoin. La terre n'est pas son frère, mais son ennemi, et lorsqu'il l'a conquise, il va plus loin. Il abandonne la tombe de ses aïeux et cela ne le tracasse pas. Il enlève la terre à ses enfants et cela ne le tracasse pas. »

Mais l'épuisement n'est pas seulement celui des ressources naturelles. Il est aussi celui d'un modèle : celui de la mondialisation elle-même, qui a contribué à sortir des centaines de millions de personnes de la pauvreté extrême, notamment en Asie. Au début, on crut à un équilibre presque alchimique : ici, des prix bas ; là, des emplois nouveaux. Le Nord consommait, le Sud produisait, et chacun semblait y trouver son compte. Mais ce pacte fragile s'est rompu. Le Nord s'est découvert dépendant, désindustrialisé, privé de sa souveraineté économique, concurrencé dans sa consommation par l'émergence de nouvelles classes moyennes mondiales ; le Sud, bien qu'accédant à des nouveaux revenus, a souvent vu les fruits de sa croissance confisqués. Ce qui fut promesse de prospérité partagée s'est mué en fracture planétaire. Les bénéfices se sont concentrés entre les mains d'une élite mondialisée et métropolitaine.

Les marges sont devenues privilèges, les profits se sont transformés en rentes. Le ressentiment a enflé. En Occident, les populismes s'élèvent, nourris de la colère de ceux qui ont vu s'évaporer leur travail, leur dignité, leur espoir. Dans les pays émergents, les inégalités se creusent, les villes tentaculaires s'étendent dans une fébrilité croissante. Ce reflux de la promesse mondialiste se manifeste aussi par un tournant tangible : la montée du protectionnisme et la fragmentation des chaînes d'échanges. Depuis quelques années, les grandes puissances, sous l'impulsion des États-Unis à partir de 2017 et, en réaction, l'Europe et la Chine, redressent leurs barrières douanières, invoquant la souveraineté économique, la sécurité ou la justice commerciale. Le commerce mondial, autrefois symbole d'intégration, devient théâtre de rivalités : les sanctions croisées prolifèrent. La mondialisation, longtemps promue comme horizon inévitable, se fissure en blocs régionaux, en chaînes raccourcies, en flux reconfigurés entre alliés de circonstance. C'est un temps de repli, où la coopération cède la place à la suspicion.

Et au sommet, une minorité d'acteurs économiques et politiques concentre une part croissante des richesses et façonne les règles du commerce mondial. Le fossé entre le 1 % le plus riche et le reste de l'humanité s'élargit chaque jour davantage, irrépressible, insupportable. La mondialisation n'est pas un complot, elle est une mécanique implacable. C'est le monde du chacun-pour-soi qui s'impose, un monde à somme nulle, où les gains des uns deviennent les pertes des autres. Un monde sans horizon commun, Prométhée enchaîné non plus par les dieux mais par ses propres œuvres.

Depuis le tournant du siècle, la puissance militaire, cette force qu'on crut un temps capable de tout, s'est heurtée également à ses propres limites. Nous vivons le paradoxe amer d'une époque où l'impuissance naît de l'excès même de puissance. L'effondrement de l'URSS avait laissé les États-Unis seuls maîtres d'un ordre mondial en recomposition. La domination militaire qu'ils exerçaient alors, soutenue par leurs alliés, n'avait pas d'équivalent dans l'histoire : les deux tiers, parfois les trois quarts des capacités globales étaient concentrés entre quelques mains. Et cette domination s'était donné pour justification une promesse, celle d'un ordre libéral pacifié, régulé par le droit international et défendu par la force.

La guerre du Golfe, en 1991, avait été présentée comme l'exemple éclatant de cette logique : une guerre juste, brève, légitime. Mais si l'intervention militaire atteignit ses objectifs immédiats, faute de solution politique, elle laissa en place un régime affaibli et autoritaire, nourrit des frustrations et des humiliations qui allaient contribuer, une décennie plus tard, à de nouvelles instabilités régionales. Puis vinrent d'autres interventions, souvent sous couvert humanitaire, toujours portées par cette certitude que la force pouvait stabiliser et pacifier. Mais avec le recul, que reste-t-il de ces illusions ? L'Afghanistan, vingt ans d'efforts, des dizaines de milliers de morts, pour un retour des talibans sous les caméras du monde entier – retour rendu possible par l'accord signé à Doha en 2020 entre les États-Unis et les talibans, négocié sous la présidence de Donald Trump, dans une logique de retrait rapide qu'il présentait comme l'art du *deal*, mais qui a surtout acté l'échec d'une stratégie sans vision politique de long terme. L'Irak, livré aux milices et aux factions, devenu un foyer du terrorisme qu'on prétendait y éradiquer. La Libye, transformée en théâtre d'ombres d'une guerre civile sans fin. Le Sahel, enfin, où la France est contrainte non seulement de partir, mais de constater la perte de son influence, de la Libye au Sénégal et du Mali au Tchad, dans une indifférence mêlée de ressentiment des peuples qu'elle croyait venir aider.

Chaque fois, la même tentation : celle du raccourci stratégique. Puisque nous avons la force, pensait-on, pourquoi s'encombrer des lenteurs du dialogue, des incertitudes de la diplomatie, des méandres du compromis ? Je connais ces arguments : on me les a opposés sans relâche depuis 2003, de la décision des États-Unis de partir en guerre en Irak jusqu'aux expéditions militaires occidentales contre le terrorisme et pour les droits de l'homme, au Sahel, sous l'égide française, en passant par la Libye de 2011. Mais cette force, sans vision ni patience, s'est chaque fois retournée contre ses porteurs. Elle a piégé les puissances dans un engrenage infernal. La logique de l'escalade a laissé place à celle du retrait, souvent précipité, toujours humiliant. L'histoire bégaie, et c'est le même dilemme qu'au Vietnam ou en Algérie jadis : partir ou s'enliser. L'image de la prise chaotique de Kaboul par les talibans en août 2021 était un écho grinçant à la chute de Saigon en avril 1975.

Tout autant que l'épuisement de la force, c'est aussi l'épuisement de la logique marchande qui nous assaille. Devenu conquérant, le capitalisme a voulu faire de chaque chose et de chaque geste une valeur mesurable. Il ne s'est pas contenté d'aliéner ceux qui produisent : il a aussi dépossédé ceux qui consomment. L'homme contemporain, loin d'être libéré, est devenu le produit d'un marché sans fin, où ses désirs sont formatés, ses besoins induits, sa singularité diluée. Or, aujourd'hui, ce processus est proche de son accomplissement. Il ne lui reste plus guère de nouvelles conquêtes possibles.

Tout est à vendre, tout est monétisé : le soin, le loisir, la relation, l'intimité même. Le couple devient produit, l'amitié un service, la joie une performance. La vie devient marchandise, vidée de son mystère, privée de sa lenteur. Le tissu symbolique qui unissait les générations, les communautés se délite. L'existence s'aplatit. Et l'on sent planer l'écho prophétique de Walter Benjamin : ce que nous perdons n'est pas seulement du contenu, mais une présence. L'aura. Cette lumière silencieuse qui fait de chaque vie une œuvre d'art.

Ce processus se double d'une autre aliénation, plus insidieuse encore : celle de la bureaucratisation. À mesure que croît la complexité du monde, les normes se superposent, les procédures s'empilent. La bureaucratie est la forme sociale de la rationalité, expliquait déjà Max Weber. Il ne s'agit plus seulement de l'État ou des institutions publiques. Les banques, les plateformes, les grandes entreprises participent tout autant à cette mécanique. Les individus eux-mêmes sont mis à contribution : qu'on se souvienne de cette folie du formulaire d'autorisation de sortie pendant le Covid, qui faisait de chaque Français le bureaucrate pointilleux de sa propre surveillance. Tout est standardisé, régulé jusqu'à l'asphyxie. L'implicite culturel, le non-dit social, cette respiration subtile du lien humain disparaissent sous le poids de l'explicite normatif.

Les individus, en quête de protection et d'équité, finissent par réclamer ces filets administratifs. Mais en les obtenant, ils sacrifient quelque chose de plus essentiel : la liberté, la responsabilité, la capacité à donner sens. L'existence se réduit à un ajustement constant, une conformité sans épaisseur. Et l'homme se trouve face à un monde qu'il ne comprend plus, mais qui le mesure sans cesse.

Enfin, voici le dernier avatar de cet épuisement, l'empire de la donnée, ou « dataïsation » du monde.

Ce mot barbare cache une réalité redoutable. Nous avons cru que la révolution numérique ouvrirait une ère nouvelle de savoir, de communication, d'émancipation. Mais à mesure que nos gestes, nos mots, nos émotions mêmes deviennent des données, que le cœur battant des algorithmes nous transforme en produits de cette nouvelle économie numérique, nous avons troqué la liberté contre la convenance. Nos montres nous surveillent, la techno-surveillance nous encercle, les algorithmes nous analysent. Les plateformes nous gouvernent et un nouveau féodalisme s'installe. Chaque besoin satisfait est une information prélevée, chaque désir anticipé est une prophétie autoréalisée. Tous nos gestes se transforment en données, même nos pensées se laissent devancer. Tout devient prédiction, tout devient produit. Ce n'est plus seulement le monde qui se chiffre, c'est notre humanité qui se calcule. Et bientôt, ce ne seront plus uniquement nos actions qui seront représentées, mais nos vies entières simulées, reproduites, tout notre être traduit en lignes de code.

La faillite d'une promesse

C'est, au fond, l'épuisement de la modernité elle-même que nous devons affronter. Non plus seulement l'épuisement des ressources, des modèles ou des institutions, mais celui d'une promesse vieille de plusieurs siècles : celle d'un monde libéré par la raison, élevé par la science, guidé par le progrès. Cette promesse se dérobe. L'idéal prométhéen, qui porta l'humanité à se dresser contre les déterminismes, à défier les dieux, à s'arracher à la nature pour mieux la dominer, ne survit plus que dans quelques ultimes bastions.

La technologie constitue aujourd'hui l'unique territoire où le rêve de l'illimité semble encore toléré. Mais ce rêve, à y regarder de plus près, est déjà confisqué. L'intelligence artificielle, loin de constituer une libération, s'enferme dans la logique opaque des monopoles. De la suprématie de l'IA à la conquête du quantique, ce qui se dessine n'est pas une émancipation partagée mais une rareté organisée, une science cloisonnée, réservée à ceux qui peuvent se l'acheter. Du côté du transhumanisme, la promesse de dépassement de la condition humaine, avec ses perspectives d'humanité augmentée ou de vie indéfiniment prolongée, s'annonce comme l'inscription de l'inégalité sociale au cœur de la vie humaine.

L'espace, dernier continent de l'imaginaire collectif, devient lui aussi terrain de luttes et de prédations. Il ne s'agit plus d'exploration mais d'exploitation. À la manière des Compagnies des Indes, ce sont des firmes à charte, des consortiums mêlant ambition privée et souveraineté déléguée qui tracent la carte du ciel. À peine avons-nous souillé la Terre que nous prétendons coloniser les étoiles, dans une logique qui tient davantage du pillage que de la transcendance. Trois enjeux s'y entrelacent : celui, désormais banal, du commerce, avec ses autoroutes orbitales et ses marchés de demain ; celui, plus sinistre, de la militarisation, où chaque orbite devient un potentiel champ de bataille ; enfin, celui, plus ancien, plus mythique, de la colonisation, comme si l'homme pouvait fuir la Terre pour renaître ailleurs, vierge de ses erreurs. Mais que serons-nous, ailleurs, si nous ne changeons pas ici ?

Reste l'identité. Le dernier territoire de l'illimité, parce qu'il est le plus intérieur. Là où, dans le secret des consciences, chacun peut encore tenter de se réinventer. C'est là que devrait résider notre liberté la plus profonde. Et pourtant, même ce domaine se trouve codifié et instrumentalisé. À droite, par une logique d'enracinement rigide, fixiste, parfois xénophobe, qui réduit l'identité à l'héritage, à la biologie, à une pureté fantasmée. À gauche, par une logique de fragmentation, où chaque différence codifie sa blessure, où la revendication devient assignation. Au nom de l'émancipation, chacun est enfermé dans sa case. La recherche de soi s'est muée en cartographie ésotérique. Chaque groupe trace ses frontières, érige ses normes, construit ses appartenances. Et ainsi, l'identité devient à son tour territoire occupé. On ne s'y découvre plus, on s'y conforme. On n'y devient plus, on y appartient.

L'avenir s'annonce incertain, comme suspendu. Habitée pendant deux siècles par le recul de toutes les limites démographiques, du nombre et de l'âge, l'humanité semble tout à coup douter et entrer dans un temps de turbulences. C'est la fracture démographique mondiale, une transition inachevée, qui redessine en profondeur les rapports de forces entre les continents, entre les économies, entre les générations, entre les récits.

Le monde s'accroît toujours, mais de manière inégale. Au Nord, les sociétés vieillissent, s'atrophient. En Europe, au Japon, en Corée, en Chine même, la fécondité s'effondre, les populations actives reculent, les systèmes sociaux chancellent. À l'inverse, au Sud, notamment en Afrique subsaharienne, au Moyen-Orient et dans une partie de l'Asie, les jeunesses s'impatientent, souvent laissées sans horizon. Deux mondes se regardent, l'un fasciné par sa longévité, l'autre par sa vitalité, mais ni l'un ni l'autre ne parviennent à formuler un projet commun.

Cette asymétrie démographique n'est pas une simple question de chiffres : elle est un soulèvement silencieux du monde. Car, à mesure que les jeunes du Sud cherchent une place, une voix, un avenir, le Nord se replie sur ses peurs, ses frontières et ses mémoires. Les désirs de mobilité rencontrent des murs et des refus. Le choc démographique se transforme ainsi en choc politique, alimentant le populisme et la crispation identitaire. Peut-on construire un monde viable en dressant les générations les unes contre les autres, en mettant les continents en concurrence ? Ce que révèle cette fracture, c'est l'urgence d'une solidarité à la bonne échelle, d'un pacte intergénérationnel et intercontinental. Car l'humanité se tient là, entre l'excès et le manque, entre les sociétés rassasiées et celles encore affamées d'avenir. Et dans cette tension, il ne s'agit pas de maîtriser la démographie comme on gère un stock, mais de l'habiter politiquement, de lui donner un sens.

Le vivant, dans sa fragilité, et sa grandeur aussi, risque lentement, insidieusement, de se dissoudre, car ce monde ne nous offre plus guère de marges de manœuvre. Il nous encadre, nous évalue, nous reflète. Mais il ne nous élève plus. Alors oui, Prométhée est épuisé. Et avec lui, c'est toute notre civilisation qui s'interroge : avons-nous trahi la promesse que nous nous étions faite d'un monde plus libre, plus juste, plus habitable ? Georges Bernanos mène ainsi la charge dans *La France contre les robots*, en 1947 : « Paris-Marseille en un quart d'heure, c'est formidable ! [...] Le grand problème à résoudre sera toujours de transporter vos viandes à la vitesse de l'éclair. Que fuyez-vous donc ainsi, imbéciles ? Hélas ! C'est vous que vous fuyez, vous-mêmes – chacun de vous se fuit soi-même, comme s'il espérait courir assez vite pour sortir enfin de sa gaine de peau... On ne comprend absolument rien à la civilisation moderne si l'on n'admet pas d'abord qu'elle est une conspiration universelle contre toute espèce de vie intérieure. Hélas ! la liberté n'est pourtant qu'en vous, imbéciles ! »

À quoi aspirons-nous, dans le vacarme du siècle qui nous accable et nous laisse si impuissants ? Au silence et aux gestes de l'humanité nue. Reprendre son souffle, revenir à l'essentiel et recommencer. Voir que rien n'est perdu, que ce sont les machines qui nous entraînent, des mécaniques conçues et programmées par des hommes, et que tant qu'il y aura l'humanité, il n'y aura pas de raison de désespérer. Le silence est devenu suspect, mais il est pourtant indispensable. À force d'être sollicités, comment penser encore ? À force d'être mesurés, comment se tenir ? Ce monde ne tolère plus le vide, l'attente, l'ombre. Il veut des réponses rapides, des postures tranchées, des narratifs prêts à consommer. Dire non commence parfois par se soustraire au flux. Retirer son attention des injonctions numériques. Retrouver ce lieu intérieur que les algorithmes ne peuvent atteindre. Ce silence n'est pas une fuite. C'est une souveraineté. Il ne nie pas le monde ; il en restaure la profondeur.

À l'heure du commentaire permanent, il redonne leur poids aux mots. Le silence ne s'oppose pas à la parole, il en prépare l'émergence. Résister, parfois, c'est refuser d'alimenter le bruit, préserver des espaces de lenteur, de nuance. Ce silence n'est pas passivité. Il est refus actif. Refus de l'automatisme et de la saturation. Il rouvre un espace à la pensée, à la présence réelle, à la lucidité. Il est un contre-pouvoir intime, une forme de désobéissance douce mais inébranlable. Alors, le silence parle autrement. Il devient promesse d'attention, geste de soin. Dans un monde de réactions, il est acte réfléchi. Il ne nie pas le conflit, il ne fuit pas la parole mais en réapprend le prix. Il ne suffit plus d'innover, d'optimiser, de réguler. Il faut réenchanter. Il faut retrouver, dans le bruissement des jours et le silence des gestes, la part humaine qui résiste encore.

Ces gestes ne font pas récits. Ils n'occupent ni les tribunes ni les manchettes. Mais ils tissent le monde. Ils sont les nervures invisibles du lien social, les racines patientes de la solidarité, les premiers frémissements de la justice. Ils rappellent que l'éthique ne commence pas à l'échelle des États, mais dans les plis du quotidien. Ils incarnent une première forme de résistance : non spectaculaire, mais tenace. Le geste qui refuse l'humiliation. Le geste qui donne sans calcul. Le geste qui écoute sans juger. Le geste qui ralentit quand tout presse. Le geste qui reste humain dans un monde qui se déshumanise. Ces gestes ne sauveront peut-être pas le monde, mais ils évitent qu'il ne s'effondre trop vite. Ils sont déjà une manière de dire non à l'inhumain, au brutal, au mécanique. Ils maintiennent, dans l'ombre, l'idée que l'on peut, chacun à sa mesure, y contribuer.

Le pouvoir ne tient pas seulement par la force ou les institutions. Il repose sur les récits, sur les images, les symboles, les fictions que nous acceptons ou subissons. L'imaginaire est devenu un champ de bataille central. Celui qui forge l'imaginaire, modèle le réel. Celui qui dicte les mots, façonne les émotions. Les puissances contemporaines ne se contentent plus de dominer les armées ou les marchés : elles colonisent les écrans, les mythes, les représentations. La fiction de l'homme fort, la nostalgie d'un âge d'or, le fantasme de l'identité pure, du grand remplacement ou du peuple trahi : ces récits circulent dans les flux numériques, contaminent les consciences avant même qu'elles ne puissent les interroger.

Mais la démocratie aussi a besoin de récits. Elle a besoin d'un langage du commun, d'une parole qui dise la dignité, la solidarité, le courage ordinaire. Elle a besoin de sa part de fiction pour ne pas devenir pure gestion. D'utopie pour ne pas devenir résignation. Réenchanter la politique – je mesure ce qu'aujourd'hui de tels mots peuvent avoir de scandaleux –, ce n'est pas faire oublier la dureté du monde. C'est redonner à chacun la possibilité de s'y projeter autrement. De s'y engager non comme consommateur, mais comme acteur. De dire : le réel n'est pas clos. L'avenir n'est pas confisqué.

Cela commence par les arts, par les éducations sensibles, par les documentaires qui racontent autrement, les institutions qui écoutent différemment. Résister, aujourd'hui, c'est aussi reconquérir l'imaginaire. Écrire, filmer, transmettre, faire place aux voix étouffées, aux récits oubliés, aux horizons neufs. Contester la fiction dominante de l'impuissance. Si nous ne savons plus raconter de justes et belles histoires, alors d'autres récits, plus sombres, plus brutaux, occuperont la place.

II

Les nouveaux despotes à l'âge impérial

Cette somme des épuisements du monde est le premier terme de la nouvelle équation impériale. De l'autre côté du signe « égal » se dresse le second terme : la réorganisation du monde autour de nouveaux empires, mus par la peur panique de la pénurie.

À l'intérieur des sociétés, le néo-impérialisme impose son modèle autoritaire en attaquant la démocratie libérale. Il se déploie comme autant de tentatives pour sauver, préserver ou reconquérir une souveraineté perdue. Deux logiques s'imposent alors non comme solutions, mais comme réactions. Des réactions impériales, nourries par l'angoisse du déclin et l'appel des forces brutes.

La mécanique impériale

La première réaction, c'est le déni frontal, la négation volontaire de toute limite. C'est l'illimitisme assumé, incarné par Donald Trump, figure d'un absolutisme sans habillage doctrinal, empire d'instincts et de postures, empire de commandement, au sens premier de l'*imperium*. L'action prime, le verbe tranche, le chef domine. Il ne gouverne pas, il incarne. Il n'organise pas, il impose. À l'intérieur comme à l'extérieur, tout doit se soumettre au théâtre de la puissance, à sa visibilité, à sa démonstration. Son attrait pour les figures de l'homme fort ne tient pas du hasard, mais d'un récit profond, enraciné dans la mythologie américaine. Il convoque l'imaginaire collectif : le cow-boy solitaire, le gangster impitoyable, le flic sans scrupules. Chaque geste est un fragment de cette dramaturgie brutale. Et cela touche, cela parle. Car, derrière le leader, il y a le peuple, ligué, mimétique, prêt à croire que la force du chef est sa propre revanche, sa propre force.

Ce trumpisme est davantage qu'un homme : c'est une structure affective, une économie morale fondée sur la domination. La nature, la femme, l'étranger, tout doit y rester à sa place. Les frontières doivent redevenir claires et les hiérarchies naturelles. L'énergie fossile est célébrée comme instrument de conquête, le pétrole foré comme totem de virilité économique. Et si le monde devient plus instable, alors l'empire devient d'autant plus réactif, adapté. Il ne suit aucun projet mais épouse chaque opportunité. Il avance dans le brouillard, certain que sa force le guidera. Dans le nouvel ordre global, les États-Unis n'aspirent plus seulement à dominer militairement ou financièrement. Ils veulent désormais régner sur les flux. Et pour cela, un nouveau triptyque résume leur doctrine d'hégémonie : forer, taxer, cliquer.

Forer, d'abord : la relance massive de l'exploitation des ressources fossiles est devenue une priorité stratégique. Derrière ce mot d'ordre répété comme un mantra – « *Drill, baby, drill* » – se joue la volonté de reconquête énergétique. Revenir à l'abondance domestique pour dicter les équilibres mondiaux. Refuser les contraintes écologiques au nom de la souveraineté. Substituer à la transition un retour au brut.

Taxer, ensuite : par l'arme tarifaire, les États-Unis redéploient une puissance douanière offensive. Loin de l'idéal libre-échangiste qu'ils avaient longtemps promu, ils redeviennent empire fiscal. Même après la pause décrétée sur les droits de douane dits « réciproques », revenant à des droits universels de 10 % et à des droits ciblés sur la Chine, les États-Unis reviennent à un taux moyen de taxation des importations plus élevé qu'à aucun autre moment au cours du dernier siècle. Le tarif devient instrument de domination commerciale, de sanction politique, de dissuasion stratégique. La frontière devient un levier d'asymétrie.

Cliquer, enfin : le pouvoir s'exerce désormais à travers l'interface. Les grandes plateformes américaines – de la publicité à l'intelligence artificielle, de la géolocalisation aux outils éducatifs – organisent une prise directe sur les esprits. Leur force n'est pas seulement technique. Elle est narrative. Elles ne vendent pas que des produits, elles façonnent des habitudes et des représentations. L'avantage technologique dont disposent les États-Unis leur confère un empire nouveau, plus subtil, plus diffus, plus difficile à contester. En contrôlant les standards, les brevets et les protocoles, ils contrôlent les conditions mêmes de la modernité. Ce n'est plus seulement une domination matérielle. C'est une puissance cognitive. Une colonisation numérique.

L'Europe, dans ce paysage, devient une zone d'influence, absorbée culturellement. Elle consomme des outils qu'elle ne produit pas. Elle applique des normes qu'elle ne définit plus. Elle se connecte à des mondes dont elle ne maîtrise ni la logique ni l'architecture.

Ce pouvoir technologique a des effets politiques. Il déplace le centre de gravité de la souveraineté. Il réduit les États à des gestionnaires d'espaces numériques qu'ils ne contrôlent pas. Il conditionne les opinions et les récits – sans intervention directe, sans violence apparente. Le danger est là : une conquête sans armée, une obéissance sans contrainte, une dépendance sans conscience. Un empire qui ne dit pas son nom mais qui façonne déjà notre perception du réel. Si l'Europe ne reprend pas la maîtrise de ses infrastructures critiques, de ses données, de ses systèmes éducatifs et médiatiques, elle sera non seulement vassalisée économiquement, mais peu à peu désarmée mentalement. Car celui qui impose les outils finit par imposer les mots. Et celui qui impose les mots oriente les décisions.

La deuxième réaction impériale, elle, s'inscrit dans une autre tradition. Elle cherche à maximiser le contrôle, pas la puissance. Elle est d'abord un « contrôlisme » qui répond à la peur des dirigeants de perdre la main sur leur machine étatique, mais aussi à l'inquiétude d'une partie des populations à l'idée de perdre le contrôle de leurs vies. C'est cette promesse de stabilité et de prévisibilité, même au prix de la liberté, qui peut paradoxalement séduire. Cette forme impériale-là ne nie pas les limites, elle les intériorise. C'est la logique de l'autosuffisance, portée par Xi Jinping dans l'héritage du maoïsme. L'empire ne s'étend pas vers l'extérieur, il se referme. Il ne cherche pas la projection, mais la forteresse. Il bâtit une muraille industrielle, technologique, morale. Le Parti tient l'État, l'État tient la société, et la société, patiemment, se replie sur elle-même, pour donner le moins de prise possible.

Il y a là une approche toute stratégique du pouvoir, une gestion méticuleuse des interdépendances, une volonté de maîtriser les points de passage vitaux plutôt que de les multiplier. Loin de renoncer au monde, la Chine choisit ses angles de contact afin de devenir centre de gravité plutôt qu'hégémon. Elle n'impose pas un ordre, elle le conditionne. Cette stratégie s'est récemment accentuée face aux restrictions occidentales. En réponse aux sanctions américaines et aux enquêtes européennes, Pékin renforce son autarcie industrielle. Elle sécurise ses approvisionnements critiques et restructure ses débouchés commerciaux vers l'Asie, l'Afrique ou l'Amérique latine. Elle convertit la contrainte en levier. Chaque pression étrangère devient le prétexte d'un recentrage national. Là où l'Occident impose la rupture, la Chine organise le contournement. Cette transformation s'inscrit dans une tradition longue : celle d'un système rétif au changement, mais capable de mutations rapides et irréversibles lorsqu'un seuil est franchi. L'histoire chinoise n'avance guère par évolution, mais beaucoup par bifurcation.

Pékin réagit non seulement par des mesures défensives, mais aussi par des contre-attaques ciblées sur des produits emblématiques. L'investissement public, massif, méthodique permet à la Chine d'accomplir des bonds technologiques spectaculaires. Là où l'Occident s'enlise dans la complexité, elle avance. DeepSeek, Xiaomi, Huawei, BYD : autant de symboles d'une conquête tranquille, d'une montée en puissance par l'intérieur. Ces succès sont moins des coups d'éclat que des signaux : ils annoncent une nouvelle hiérarchie des puissances, fondée d'abord sur la capacité à durer.

Et, dans cette stratégie, la taille du marché domestique devient une arme. La Chine n'exporte pas seulement des produits, elle exporte désormais des normes, des rythmes, des standards. Elle devient un monde en soi. Sa force ne vient plus de son expansion, mais de sa densité. De périphérie industrielle d'une mondialisation centrée sur l'Occident elle aspire à être pôle civilisateur. La vapeur est inversée :

l'économie globale ne se dirige plus de l'ouverture vers l'uniformité, elle se fait repli organisé vers l'autonomie normative. Un monde fragmenté, mais dont le centre tiendrait ferme.

Cette logique est aussi fondée sur la méfiance. À l'intérieur, elle se traduit par la surveillance, le contrôle, l'homogénéité sociale qui atteignent leur paroxysme au Xinjiang et au Tibet. À l'extérieur, elle se double d'une prudence stratégique, d'une défiance constante. Ce n'est pas la peur des autres qui domine, c'est la peur de soi : la peur d'un éclatement, d'une rébellion, d'un retour des « royaumes combattants », si redoutés dans l'imaginaire historique chinois. Le Parti, ici, ne prétend pas séduire, il veut durer. Et pour durer, il faut canaliser. Il faut contenir la croissance, réguler la modernisation, équilibrer les territoires. L'État chinois cherche à empêcher que quoi que ce soit lui échappe.

C'est dans cette volonté d'équilibre que réside l'originalité du modèle chinois contemporain. L'équilibre entre les régions côtières et l'intérieur du pays, entre la modernité technologique et les héritages culturels, entre la centralisation politique et les impératifs économiques locaux, entre l'intégration internationale et la souveraineté nationale. Loin d'être un objectif secondaire, cet équilibre – cette harmonie, dirait-on en Chine – est la condition même de la stabilité. Le Parti n'avance qu'en régulant sans cesse les déséquilibres qu'il génère – assurer « la juste solution des contradictions au sein du peuple », suivant la formule de Mao Zedong. Le modèle chinois n'est pas linéaire : c'est une gestion permanente de la tension. C'est pourquoi l'autorité y devient non pas seulement verticale, mais architectonique : il faut sans cesse redistribuer, ralentir, ajuster, parfois trancher. L'équilibre n'est pas la conséquence du pouvoir, il en est la méthode.

La Russie aussi vit dans l'obsession du contrôle qui, chez elle, est une peur de la perte. Un spectre hante le pays, auquel on ne comprend rien si l'on ne revient pas toujours à l'épreuve historique qu'a été la chute de l'Union soviétique. Elle provoqua un choc identitaire multiple, qui sapait les bases sur lesquelles s'était fortifié l'*Homo sovieticus* dans les trois générations de son existence éphémère, mais qui faisait aussi s'écrouler l'édifice plus ancien de l'identité russe, portée par le tsarisme. La nouvelle Russie, gigantesque par la taille, mais humble désormais par le nombre des hommes et la richesse, devait se forger une nouvelle identité nationale, comme la Turquie kémaliste après l'effondrement de l'Empire ottoman, étalé et prévisible, faut-il dire, sur un siècle ; ou comme l'Autriche d'après 1918, qui, elle, constituait une si petite dépouille d'empire qu'elle ne pouvait prétendre à la restauration qu'en se fondant, souvent avec enthousiasme, dans le projet nationaliste expansionniste du nazisme après l'Anschluss de 1938.

À la différence de ces puissances déchues, la Russie post-soviétique n'a jamais été défaite par les armes. Elle n'a pas négocié sa sortie de l'Histoire : elle l'a provoquée en s'effondrant sur elle-même, sa carapace devenue trop lourde. Au choc identitaire s'ajoutait un choc social, humain, démographique : une richesse nationale réduite de moitié en moins d'une décennie, un recul de l'espérance de vie, un déclin démographique laissant craindre au peuple russe de finir englouti par les grands espaces. Jamais, depuis 1945, une société n'avait encaissé une telle chute de niveau de vie sans effondrement militaire.

Cette situation créait une tenaille terrifiante : deux aspirations politiques aussi dangereuses l'une que l'autre menaçaient d'écraser la demande réelle mais fragile d'une société démocratique, libérale, pacifiée, portée surtout à Moscou et Saint-Pétersbourg et par une élite du diplôme socialement très étroite. D'un côté était tapi un nationalisme russe ardent, voire fanatique, cherchant à fonder une sorte de nouvelle démocratie totale, « souveraine », russifiant le collectivisme soviétique, appuyée sur les dimensions spirituelles spécifiques de la Russie, auquel se sont essayés de nombreux démagogues ; de l'autre une restauration impériale, autoritaire, appuyée sur les forces sociales conservatrices, post-soviétiques, comptant sur la solidité de l'État plus que sur la vigueur de la nation.

À cette tension idéologique s'ajoutait une dimension géographique : la Russie n'était plus le centre d'un empire, mais un astre mort peinant à garder ses satellites dans son orbite. L'Ukraine, la Géorgie, les pays Baltes, les républiques d'Asie centrale, chacun se détournait, creusant l'humiliation russe. Le sentiment d'encerclement, réel ou fantasmé, s'enracina dès lors dans la conscience stratégique russe comme une blessure fondatrice.

C'est le bloc politique impérial qui s'est imposé, à l'issue des années de troubles de la présidence Eltsine, en abattant une main de fer sur la Tchétchénie et en mettant au pas les oligarques hors de contrôle au profit des *siloviki*, les « galonnés » des services de sécurité. Le poutinisme n'était pas la marche inéluctable vers l'autocratisme belliqueux qu'il est devenu. Il faut se garder des certitudes rétrospectives, non seulement parce qu'elles sont trop confortables, mais aussi parce qu'elles déforment la vision de l'avenir et de ses possibles. En diplomatie, on ne choisit pas ses partenaires, on s'efforce de favoriser l'issue la plus avantageuse à nos intérêts. Avec la Russie, cela signifiait tenter de la rapprocher de l'Europe.

Cela permettait de renforcer, dans le long terme, cette Russie métropolitaine proeuropéenne, tout en offrant au régime un point de stabilité possible. C'est ce que nous nous sommes efforcés de faire, de façon pragmatique, avec Joschka Fischer, ministre des Affaires étrangères allemand, non seulement sur le dossier irakien, mais aussi sur la prolifération nucléaire iranienne et le partenariat des « espaces communs », engagé en 2003. Ce n'est pas parce qu'une telle politique n'est plus envisageable aujourd'hui, après dix ans de dérive continue de Moscou, liée aux durcissements intérieurs comme aux maladresses de l'Amérique avec son « nouveau départ » stratégique décidément raté, qu'elle n'était pas la plus raisonnable à l'époque. Elle ne visait pas à transformer la Russie, mais à ouvrir une fenêtre, à éviter la clôture. Elle a échoué, mais elle n'était ni naïve ni inutile.

Où conduit le « contrôlisme » poutinien dans sa forme actuelle ? Difficile pour lui désormais d'éviter le rétrécissement, le vieillissement et l'accaparement. La polarisation territoriale et sociale, en s'aggravant, réduit la base politique du régime, étouffe les forces d'innovation et d'entreprise dont la Russie a besoin pour accomplir ses projets, comme une longue sclérose brejnévienne recommencée, avec son obsession de la surveillance totale des populations. Moscou et Saint-Pétersbourg captent les investissements, le reste du pays s'enfonce. L'économie de guerre recentralise les ressources autour du complexe militaro-industriel au détriment des industries civiles. La guerre en Ukraine, loin de redynamiser l'économie, aggrave la fuite des talents, les tensions budgétaires, la dépendance technologique. Le régime, désormais sous sanctions massives, vit en économie fermée. Il survit par la substitution et exporte vers des partenaires devenus autant de débouchés contraints que de refuges diplomatiques.

La Russie s'enfonce dans un isolement croissant, non par choix mais par inertie. Son autarcie n'est pas une doctrine, c'est une conséquence. Le numérique est contrôlé, les médias sont verrouillés, les frontières surveillées, les échanges intellectuels raréfiés. Mais plus le pouvoir resserre son emprise, plus il révèle sa faiblesse. Il gouverne désormais par saturation. Incapable de convaincre largement, il étouffe. Pour tout avenir il impose la continuité d'un passé.

Le poutinisme est devenu un projet de reconquête. La Crimée en 2014 en avait donné le signal, mais 2022 a marqué un basculement stratégique. L'invasion de l'Ukraine, loin d'être une opération tactique, révèle une ambition structurelle : reconstituer, à défaut de l'Union soviétique, une sphère d'influence directe consolidée par la force. Le poutinisme ne propose pas un modèle, il impose une emprise. Dans cette idéologie de la revanche poursuivie par la reconquête, l'histoire sert de justification et de carburant. Certes, depuis la révélation de ses faiblesses tactiques et opérationnelles dans la guerre d'Ukraine, le Kremlin ne peut plus miser sur l'effroi provoqué par la domination écrasante des armes, il doit se satisfaire de sa ténacité, de sa patience et de sa détermination presque sacrificielle pour fatiguer son « étranger proche ». Il doit maintenir l'État, s'imposer comme grande puissance, coûte que coûte, dans un monde perçu comme hostile et chaotique. Il ne propose pas un avenir, il recycle des blessures.

Et pourtant, il ne faut pas céder au sentiment de l'irréversible. L'histoire russe est faite de retournements. Une autre Russie existe. Silencieuse, fragmentée, mais vivante. Elle parle dans les universités, dans les cercles artistiques, dans les exils forcés. Il ne tient qu'à nous, Européens, de ne pas l'abandonner. La politique ne consiste pas à plier les peuples à notre image, mais à ne pas leur fermer toutes les portes. Face à l'agression, il faut la fermeté. Mais face aux Russes, il faut aussi la mémoire et le respect. Toute puissance, fût-elle impériale, a vocation à se réformer ou à se décomposer. C'est à ce carrefour que la Russie se tient. Et c'est à nous d'y voir clair.

La troisième réaction, enfin, est celle de l'empire bénin du droit et de la politique. C'est le modèle européen, qui oppose à la centralisation du pouvoir sa volonté d'être « unis dans la diversité », qui atténue les tentations absolutistes par la logique du compromis ou du consensus. Nous redécouvrons que l'Europe est un modèle d'actualité et peut-être le meilleur contre-modèle au néo-impérialisme qui agite le monde. Pour une Europe qui s'est construite sur des fantômes, des rêves et des cauchemars d'empires, et qui s'est voulue à la fois post-impériale et post-nationale, le temps est venu d'inventer les contours d'un « post-Empire ». Et, après tout, le Saint Empire romain germanique, qui n'était ni romain, ni saint, ni très germanique, ni vraiment impérieux, n'en a pas moins été l'empire le plus durable, et de loin, sur le continent – un millénaire. Un empire électif, mosaïque d'entités de tailles diverses et presque souveraines, un vaste espace de délibération, de jurisprudence, de droit et de respect des libertés, dans un sens certes bien différent de celui qu'on leur donne aujourd'hui. Comment ne pas voir une forme de filiation avec l'Union européenne d'aujourd'hui, et en tout cas une leçon pour elle ? Comment ne pas y lire un appel à résister aux tentations illibérales qui voudraient faire de l'Europe à son tour un empire parmi les autres ? Ce modèle permet le partage des ressources, un multilatéralisme fondé non sur la force, mais sur la coopération. Mais cette voie est étroite. Car elle suppose l'accord, le dialogue, le consensus.

Le déséquilibre permanent de l'hypercratie

Face à l'Empire, tout régime équilibré devient vulnérable. Il doute et se divise. Et c'est ainsi que, lentement, se dessine une nouvelle gouvernementalité, non plus libérale, mais impériale. À l'intérieur des États eux-mêmes, cette logique s'impose : verticalité du pouvoir, culte de l'efficacité, soumission de l'opinion aux récits du chef. Nous entrons dans l'âge des nouveaux despotes. Ils ne sont pas tous violents, ni même tous cyniques. Mais ils partagent cette même conviction : la liberté est un luxe que le monde d'aujourd'hui ne peut plus s'offrir. Et c'est cela, la véritable menace. Son remplacement silencieux par une autre forme d'organisation, plus directe, plus brutale. Une forme qui sacrifie le débat à la décision, la justice à la sécurité, le droit à l'ordre, la raison à la raison d'État. Une forme impériale née du vide laissé par les démocraties épuisées d'aujourd'hui.

Les empires ne naissent pas seulement de la conquête extérieure ; ils prospèrent d'abord par l'emprise intérieure. Ce que nous voyons émerger aujourd'hui, sous nos yeux souvent incrédules, c'est une distorsion lente mais profonde des structures mêmes de la politique, une altération de ses fondements, de ses équilibres, de ses promesses. Il faut peut-être revenir aux sources pour mieux comprendre. Il y a plus de deux millénaires, la science grecque de la politique avait fixé les cadres dans la *Politique* d'Aristote : « Le gouvernement et la Constitution étant choses identiques, et le gouvernement étant le maître suprême de la cité, il faut absolument que ce maître soit ou un seul individu, ou une minorité, ou enfin la masse des citoyens. Quand le maître unique, ou la minorité, ou la majorité gouvernent dans l'intérêt général, la Constitution est nécessairement pure ; quand ils gouvernent dans leur propre intérêt, soit dans l'intérêt d'un seul, soit dans l'intérêt de la minorité, soit dans l'intérêt de la foule, la Constitution est déviée de son but. » Cette déviation est exactement ce qui se produit aujourd'hui, mais le long des trois dimensions simultanément, monarchique, aristocratique et démocratique, qui se mêlent, comme dirait Aristote, de façon « impure ». Cette nouvelle forme est une hypercratie, en son sens littéral, à la fois une quête de la puissance sans limites et une exagération de toutes les formes et dimensions de la domination. C'est le déséquilibre érigé en méthode.

Le premier glissement, c'est celui de nombreux régimes vers une forme de monarchie plus ou moins élective, nourrie de fascination pour le chef. Ce phénomène n'est pas nouveau. Il est inscrit, de manière paradoxale, au cœur même de la République américaine, depuis George Washington, père fondateur d'un pouvoir qui s'est progressivement nimbé de sacralité, jusqu'à la présidence impériale assumée par Franklin D. Roosevelt. Ce souci légitime d'autorité peut dériver comme aujourd'hui vers un culte de la personnalité, une attente messianique à l'égard d'un homme seul, capable de tout résoudre par sa volonté, qui est l'expression d'un désespoir politique déguisé en espérance providentielle.

L'Europe n'est pas épargnée. Les peuples, pris dans le tumulte des divisions et des incertitudes, se tournent vers des hommes qui promettent de trancher. C'est là la grande tentation des heures troubles. La France elle-même, avec son fond bonapartiste, ses institutions fragiles – quatorze Constitutions depuis 1789 –, son centralisme pathologique n'échappe pas à cette inclination. Lorsque la défiance envers les partis, les syndicats, les corps intermédiaires dépasse le désir d'émancipation, alors la liberté se retire et l'homme fort s'impose.

Sur la scène aujourd'hui, le pouvoir s'avance souvent masqué. Il glisse des institutions vers les flux, des figures visibles vers des structures opaques. Le despotisme contemporain ne ressuscite pas les figures anciennes du tyran criard ou du dictateur sanguinaire. Il a changé de forme. Il se veut lisse et efficace. Il promet l'ordre sans le sang, la verticalité sans la peur, la grandeur sans le chaos. Il ne conquiert plus par la terreur, mais par la fatigue des peuples, par la saturation des récits, par l'épuisement des alternatives.

Plusieurs figures du despotisme moderne s'entremêlent. Il y a d'abord le despotisme de captation : celui du leader charismatique, qui se pose en incarnation du peuple contre les élites, en héros solitaire face aux institutions corrompues. Il capte les colères, simplifie le réel, fabrique un lien émotionnel et pulsionnel avec les masses que l'on a privées de médiation. Il parle vite, frappe fort, rassure sans répondre. Trump, Bolsonaro, Milei et d'autres encore incarnent ce modèle.

Vient ensuite le despotisme technocratique : plus froid, plus insidieux. Il se cache derrière les procédures, les algorithmes. Il dissout le politique. Il noie la parole dans la complexité, remplace le débat par la donnée. C'est le despotisme des plateformes, des think tanks, des agences. Il gouverne sans visage, sans récit, sans opposition. Il réduit la citoyenneté à un tableau de bord.

Il y a aussi le despotisme patrimonial, où pouvoir politique et richesse privée ne font plus qu'un. Ce n'est plus un État, c'est un actif. On y gouverne comme on gère une entreprise familiale : on fidélise les clans, on rémunère les loyautés, on privatise la loi.

Enfin, il y a le despotisme masqué : élections régulières, pluralisme formel, toute la façade démocratique est maintenue, mais le pouvoir est verrouillé.

On y instrumentalise les peurs, on y divise les oppositions, on y transforme la loi en arme de disqualification. Ce pouvoir conserve l'apparence du jeu démocratique, tout en en vidant la substance. C'est le règne de la cage dorée : vous êtes libre, mais sous condition. Tout est déjà décidé.

À un second niveau, le pouvoir se réorganise et se concentre. Il se privatise. C'est la distorsion de l'oligarchie qui glisse vers la ploutocratie. Partout dans le monde, les gouvernements sont peu à peu encerclés par une nouvelle aristocratie d'argent. Le despote n'est plus seul, il est entouré de ses actionnaires. Aux États-Unis, la généalogie est claire : des Pères fondateurs fortunés aux « barons voleurs » du XIXe siècle, les Rockefeller, les Carnegie, les Morgan, jusqu'aux treize milliardaires de l'administration Trump. Au Capitole, lors de la deuxième investiture de Donald Trump, on a compté mille trois cents milliards de dollars de fortunes personnelles réunis dans la même salle. Le pouvoir économique se confond avec le pouvoir politique.

La France n'est pas épargnée. La recomposition des fortunes, la rigidité des patrimoines, la montée des inégalités nourrissent un ressentiment profond. Au sommet, un petit nombre d'acteurs économiques dispose d'une influence considérable sur le levier médiatique. Il contrôle une part très significative de la presse quotidienne nationale – près de 90 % des tirages – ainsi qu'une majorité des audiences télévisées et une large portion du trafic sur les sites d'information en ligne. Dans les étages intermédiaires, une bourgeoisie patrimoniale sécurise ses acquis, transmet ses biens et ses actifs à l'abri des niches fiscales, consolide ses positions. La méritocratie recule, le capitalisme et la société d'héritiers progressent. La fortune héritée représente aujourd'hui 60 % du patrimoine des ménages en France, près du double des 35 % enregistrés au début des années 1970. L'effort, le travail ne suffisent plus. Et, au cœur de la société, la classe moyenne oscille entre colère et peur, entre rejet et résignation. Elle ressent cruellement que l'ascenseur social est bloqué, que la promesse républicaine ne fonctionne plus. Elle voit venir le déclassement et redoute que ses enfants ne vivent moins bien qu'elle.

La troisième distorsion, plus subtile, plus pernicieuse, est celle de la démocratie elle-même et de la place donnée au peuple. Lorsqu'elle se réduit à la volonté majoritaire, elle perd sa substance. C'est ce despotisme de la majorité expérimenté par nos sociétés démocratiques que Tocqueville avait pressenti, en en soulignant les dangers : « Mais la majorité elle-même n'est pas toute-puissante. Au-dessus d'elle, dans le monde moral, se trouvent l'humanité, la justice et la raison ; dans le monde politique, les droits acquis. La majorité reconnaît ces deux barrières, et s'il lui arrive de les franchir, c'est qu'elle a des passions, comme chaque homme, et que, semblable à eux, elle peut faire le mal en discernant le bien. » Or, aujourd'hui, aux États-Unis, l'unanimisme social pèse comme une injonction morale : toute opposition devient suspecte, toute nuance trahison. Ce fut le sens du propos brutal, mais révélateur, du vice-président J. D. Vance à Munich : ce n'est pas l'ennemi extérieur qui inquiète, mais bien les oppositions de l'intérieur à la toute-puissance populaire. Il serait trop simple d'accuser uniquement ceux qui détiennent le pouvoir. Les nouveaux despotes prospèrent parce qu'ils répondent, à leur manière, à des attentes réelles. La peur du déclassement, l'angoisse du chaos, le désir de protection, la lassitude du conflit sans issue. Beaucoup de citoyens ne veulent plus participer : ils attendent qu'on s'occupe du problème. C'est là que le despote entre en scène. Il vend de la solution. Il simplifie le réel.

Ce nouveau despotisme ne s'impose pas toujours comme une perte. Il peut se vivre comme un soulagement. Il rassure. Il apaise. Il dispense de la complexité. Il remplace la délibération par le verdict, le débat par le slogan, la recherche par l'affirmation. Ce n'est plus un régime de censure, c'est un régime de saturation. Trop d'images, trop d'opinions, trop de données, jusqu'à l'effondrement du sens. On ne fait pas taire la pensée : on la rend inaudible. C'est un autoritarisme sans coups de feu. Il n'a pas besoin de la violence apparente, car il maîtrise l'attention, les imaginaires, les protocoles, les récits. Il n'a pas besoin de censurer, car il ensevelit. Il n'a pas besoin de convaincre, car il fatigue. Ce pouvoir prospère sur une altération du désir démocratique, qu'il enferme dans des indignations fugaces, dans des combats éphémères. Pendant ce temps, les structures se durcissent. Les contre-pouvoirs se dissolvent. Le droit plie. Les services publics s'effondrent. La surveillance s'installe. Rien ne paraît brutal. Car tout est progressif, temporaire, jusqu'au moment où il est trop tard.

En Europe, ce phénomène prend le nom imprécis de populisme. Mais il ne s'agit pas d'un simple courant d'opinion. C'est une volonté d'épuration institutionnelle. Il s'agit d'abolir tout ce qui entrave la volonté immédiate du peuple tel qu'on l'imagine ou le fantasme : les contre-pouvoirs, les médias, la justice nationale et internationale, les collectivités, l'Europe. C'est la démocratie vidée de ses garanties, réduite à sa forme brute, instrumentalisée. En Israël comme aux États-Unis, le juge incarne l'ennemi de l'intérieur, l'empêcheur de commander en rond. Les accusations contre la « dictature des juges » en France vont dans le même sens.

Cette évolution ne naît pas seulement de la mauvaise volonté ou des manipulations. Elle est aussi le produit d'une société désaffiliée, atomisée. Les réseaux sociaux, bien sûr, ont amplifié les logiques de confirmation, les bulles d'opinion, la violence de l'expression. Mais le mal est plus profond. Il réside dans la mutation silencieuse du rapport des gens à la politique, vers une individualisation extrême. Les grands récits collectifs s'effacent. Les partis, les Églises, les syndicats s'effondrent. Le citoyen devient consommateur politique. Il choisit, il zappe. La démocratie devient un marché de préférences. Les applications de recommandation de vote, ludiques en apparence, sont le symptôme d'une logique perverse : on ne choisit plus son destin commun, on sélectionne son profil politique comme on choisirait une série à regarder. C'est aussi une forme de laxisme civique. Le refus de toute contrainte pour soi se double d'un désir accru de contrainte pour les autres. La liberté, dans ce contexte, devient caprice, et la responsabilité s'évapore.

Enfin, cette crise est celle de l'efficacité démocratique. Nos institutions, alourdies, fragmentées, peinent à se réformer. Les promesses sont répétées sans être tenues. Le langage politique perd sa valeur. La loi devient un maquis. L'initiative citoyenne paraît une façade. Le référendum d'initiative partagée s'avère presque impossible à enclencher. Les conventions citoyennes restent sans lendemain, ce qui n'empêche pas d'en organiser de nouvelles. D'où ce cri qui monte contre le système, ce refus global, ce « dégagisme » devenu le seul recours de ceux qui n'en ont plus. C'est cette mécanique de l'épuisement démocratique que les empires exploitent. Car un peuple lassé de la liberté peut devenir disponible à la servitude. Non qu'il la souhaite. Mais il peut finir par l'accepter, par s'y résigner, par la confondre avec l'ordre. Et alors, le rideau tombe.

L'esprit de la Contre-Révolution

Les empires, aujourd'hui comme hier, se bâtissent sur une idée simple : refuser les avancées de l'émancipation. Refuser les fruits de l'âge des Révolutions. À mesure que le monde s'épuise, les systèmes impériaux se dressent à nouveau comme des forteresses du passé, réactivant les ressorts anciens du pouvoir, les verticalités oubliées, les exclusions féroces. Ils ne sont pas novateurs, ils sont réactionnaires.

Toutes les idéologies impériales contemporaines ont ceci de commun qu'elles entendent briser les promesses de 1789. Elles veulent faire taire les voix de l'autonomie, de la liberté, de l'égalité. Elles forment un chœur dissonant, mais convergent. L'islamisme, d'abord, avec sa pulsion de mort, sa haine de la vie et du bonheur sur terre, agit à double tranchant : d'un côté, il vise à faire renoncer les démocraties à leurs principes en les enfermant dans la crispation sécuritaire. De l'autre, il cherche à imposer sa propre loi, autoritaire et théocratique, à régir les sociétés du Moyen-Orient comme les communautés musulmanes dans les pays occidentaux. Il refuse la sécularisation, récuse le pluralisme, nie l'autonomie des individus. Le fascisme, quant à lui, n'a pas disparu : il mute et se recycle. Il ressurgit partout, caméléon aux mille visages. Il rejoue sans cesse la même spirale : celle d'un « nous » fermé, agressif, ethno-identitaire. Et face à ce « nous » prétendument pur, il désigne des ennemis, toujours les mêmes : les immigrés, les étrangers, les minorités. Sous prétexte d'ordre, il cherche à imposer la domination. C'est un fascisme nouveau, mais fidèle à ses racines : autoritaire, charismatique, belliqueux. À cela s'ajoute le néolibéralisme durci en machine de guerre sociale. Un ordre économique qui, loin de tenir sa promesse de prospérité partagée, accroît les écarts et attise les colères. L'État devient alors veilleur de nuit, partisan, au service d'intérêts consolidés. La redistribution est perçue non comme justice, mais comme fardeau. Et dans les marges, le crime organisé occupe les vides laissés par la République, usurpant les fonctions de l'État là où celui-ci se retire.

Ces empires imposent ce que l'on pourrait appeler des « politiques de la vie » qui sont en réalité la mort de la politique, comme l'avait déjà vu Hannah Arendt. L'expérience du Covid a montré à quel point le pouvoir pouvait se redéployer dans la sphère intime : protéger les citoyens contre eux-mêmes, gérer les corps, contrôler les mobilités, suspendre les libertés au nom du bien commun. Et si cette logique peut, en certaines circonstances, être nécessaire, elle devient perverse lorsqu'elle s'installe dans la durée. Lorsque la sécurité prend le pas sur la liberté, la vie elle-même est administrée, surveillée, et l'espace du débat, de la contestation, de la désobéissance s'amenuise. Mais ce que ces empires revendiquent surtout, c'est une nouvelle légitimité, un autre récit. Ils ne se contentent pas d'être des puissances : ils se posent en civilisations. C'est alors l'avènement des États-civilisations, qui ne veulent plus être de simples acteurs dans le concert des nations, mais la forme aboutie d'une histoire, d'une essence. Ils brouillent volontairement les frontières entre le politique et le sacré, entre le pouvoir et l'identité, entre l'administration des choses et le salut des âmes.

Les États-civilisations s'enracinent dans des récits anciens, des mémoires blessées. Ils prétendent incarner le destin d'une culture, d'un peuple choisi par l'Histoire. Ce glissement éclaire plusieurs tendances contemporaines : le rôle croissant de l'évangélisme ultraconservateur dans la vie politique américaine, alors même que le pays se déchristianise rapidement. La ferveur d'un peuple en quête de repères est récupérée par des acteurs politiques qui font de la foi non plus une quête spirituelle, mais un levier d'emprise et de pouvoir.

Ce glissement explique aussi la crise de la sécularisation et de la laïcité, qui ont pris en Europe, au fil des histoires nationales, des visages multiples, où les principes de séparation sont remis en question à la fois par ceux qui veulent réimposer la religion dans la sphère publique et par ceux qui redoutent la coexistence des différences culturelles. Il permet aussi de comprendre l'impasse de l'islam politique, incapable de trouver une forme stable de représentation, tiraillé entre panarabisme, panislamisme et nationalismes concurrents, et rétif à la sécularisation. Et il éclaire enfin le retour idéologique du communisme chinois, sous la bannière d'une doctrine restaurée, la « Pensée Xi Jinping », qui mêle marxisme, maoïsme rétro, tradition confucéenne et ambitions impériales. Ce n'est pas simplement une politique ; c'est une ontologie du pouvoir. Un récit de grandeur, d'unité millénaire. Ce qui est attaqué, ce sont les fondements mêmes de l'âge des Révolutions. L'idée que les peuples peuvent s'autogouverner. Que l'État est au service des citoyens. Que les droits précèdent le pouvoir. Ce qui vacille, ce ne sont pas uniquement des institutions, mais une philosophie du monde, née avec la Révolution française, prolongée par les grands basculements du XXe siècle.

On a cru, trop vite, que l'histoire avait trouvé son terme en 1989. Que la chute du mur de Berlin clôturait le cycle des révolutions, scellait la victoire de la démocratie libérale, consacrait la modernité occidentale comme horizon indépassable. Cette modernité s'est longtemps construite sur une négation du tragique. Elle a voulu conjurer la vulnérabilité, repousser la fatalité, corriger l'accident par la loi, l'injustice par le progrès, la douleur par la technique. Mais aujourd'hui, cette linéarité se brise. Le monde ne progresse plus. La guerre, le chaos, l'effondrement ne sont plus les vestiges d'un passé à oublier : ils sont les signes d'un présent sans garantie. Et avec eux revient une vérité refoulée : la condition tragique de l'humain. Sa finitude et son impuissance constitutive.

Ce retour du tragique n'est pas une défaite. Il est une clarification. Il nous rappelle que gouverner consiste avant tout à empêcher le monde de basculer dans l'irréparable. Que la politique n'est pas une maîtrise absolue de tous les paramètres, mais consiste à assumer l'incertitude, naviguer dans le brouillard, tenir dans l'épreuve.

Face aux périls systémiques, climatiques, technologiques, identitaires, nous devons apprendre à penser dans l'épaisseur du risque, à agir sans garantie de succès, à choisir même quand aucune option n'est idéale. La politique tragique implique une autre idée de la responsabilité. Dans le monde prométhéen, la responsabilité était celle du contrôle et du résultat. Dans le monde tragique, la responsabilité devient durable, partagée. Elle ne consiste pas à tout prévoir, mais à tenir parole, à reconnaître les conséquences, à prendre soin de ce que l'on ne comprend pas entièrement. C'est une éthique de l'humilité, non de la toute-puissance, qui implique l'acceptation de la perte. Il n'y aura pas de transition sans renoncements. Pas de demain sans deuil du monde d'hier. Mais ce deuil, loin d'être une soumission, peut devenir un acte politique majeur : celui de saluer ce qui a compté, de faire place au neuf sans effacer la mémoire. Le tragique est une école de maturité : il enseigne à vivre sans posséder, à aimer sans dominer, à persévérer sans certitude. Les figures héroïques du passé cédaient souvent à l'hubris. Celles de demain seront peut-être plus sobres : des gardiens plutôt que des conquérants, des tisseurs plutôt que des bâtisseurs.

Le tragique nous oblige aussi à repenser le temps. La modernité valorisait l'instant décisif, la rupture. Le tragique, lui, nous enseigne la patience du temps long. Il oblige à habiter la durée, à vivre avec les tensions non résolues. Il redonne sens à l'attente, à la transmission, à la mémoire. Dans un monde saturé d'un optimisme de façade et d'un catastrophisme spectaculaire, le tragique est une voie de réconciliation. Il nous permet d'unir le courage et la lucidité, la force et la tendresse, la rigueur et la beauté. S'il ne promet pas le salut, il rend possible la dignité.

Face à l'accélération, à l'usure démocratique et à l'effritement des repères, il faut se convaincre qu'il n'y a de politique durable que celle qui accepte de ne pas tout résoudre, de ne pas tout comprendre. Il n'y a de liberté que celle qui se sait fragile. Il n'y a d'avenir que celui que nous bâtirons ensemble dans l'ombre portée de nos limites.

On a voulu croire que l'affrontement entre Révolution et Contre-Révolution était chose du passé. Mais la lutte continue. Elle connaît aujourd'hui une nouvelle vague, brutale, globale. Après la Révolution française et sa lutte contre l'absolutisme monarchique, après la Première Guerre mondiale et l'effondrement des empires autoritaires, après la Seconde Guerre mondiale et la défaite du fascisme, après la guerre froide et le rejet du stalinisme, voici venue l'heure d'un nouveau combat contre l'hypercratie, cette forme liquide et tentaculaire du pouvoir globalisé, médiatique, algorithmique, déresponsabilisé.

C'est un combat sans tranchées, sans frontières nettes, sans manifestes flamboyants. Mais c'est un combat décisif. Car ce qui est en jeu, c'est le régime des libertés autant que la possibilité même de la politique. C'est-à-dire de débattre, de choisir une orientation commune. Dans ce monde éreinté, tenté par le repli et la simplification, il nous faut réaffirmer les principes fragiles, mais essentiels, de l'héritage révolutionnaire. Non pas par nostalgie, mais par nécessité. Pour retrouver la force d'un idéal partagé, l'idéal d'un monde où l'homme, libéré des dominations, retrouve le pouvoir de dire « nous », le pouvoir de dire « nous, le peuple ».

III

Le nouvel âge de fer

Le monde ne se structure plus selon l'ordre westphalien des États-nations, sur l'équilibre fragile des souverainetés égales. Il s'organise à nouveau selon des logiques impériales. Il s'agit là d'un basculement historique majeur, qu'il faut nommer avec lucidité : nous sommes entrés dans un nouvel âge de fer et non dans un âge d'or tel qu'annoncé par Donald Trump lors de sa seconde investiture. Un monde de puissances continentales, de civilisations arc-boutées, d'empires rivaux, engagés dans une lutte pour l'accès à des ressources désormais rares, escomptant, par une stratégie de domination préventive et de suprématie technologique, se prémunir eux seuls de la pénurie en imposant leur hégémonie. Et dans ce monde, l'État-nation, fruit de l'âge des révolutions, semble chaque jour plus vulnérable.

L'État-nation contesté

Les États faillis prolifèrent, laissant la place aux guerres civiles et aux grands trafics transnationaux du Sahel au Moyen-Orient. Ailleurs, de nouvelles défaillances guettent, de la côte Pacifique de l'Amérique latine jusqu'à l'arc caribéen. C'est le signe de l'échec de l'implantation du modèle de l'État-nation après la décolonisation, c'est le signe également du refus des grandes puissances de laisser s'installer des souverainetés fortes.

Les États-Unis, d'abord, ont amorcé un virage impérial. Non pas à la manière des vieilles puissances coloniales, mais selon une logique de réseaux et d'infrastructures : le dollar, le droit extraterritorial et les sanctions, les plateformes technologiques, les flux de données. C'est une mutation longue, structurelle, pas un caprice. Depuis le pivot asiatique initié par Barack Obama, l'Europe n'est plus au cœur de la stratégie américaine. Les guerres perdues – Irak, Afghanistan – ont révélé les limites de la projection globale. Le trumpisme, en conjuguant idéologie isolationniste et affirmation brutale de la puissance, a fracturé l'alliance occidentale mais aussi ouvert une série de possibles.

Car tout devient pensable : une Sainte-Alliance paradoxale entre Russie et États-Unis contre l'Europe libérale, rêvée par certains doctrinaires ultraconservateurs. Un Yalta transactionnel avec la Chine, autour d'un partage des zones d'influence, improbable mais redouté. L'effondrement même de l'appareil impérial américain, devenu trop lourd, trop rigide, à la manière d'une perestroïka inversée. Ou encore une forme d'isolement géostratégique, laissant place à une multipolarité brutale, où les grandes aires d'influence se redistribuent sans ordre ni pacte.

Dans ce grand jeu, la Chine avance avec la lenteur méthodique des puissances anciennes. L'Empire du Milieu renoue avec sa propre mythologie. Sa transformation économique le pousse dans cette direction : l'augmentation des coûts de production exige une intégration régionale plus étroite et ses nouvelles ambitions industrielles, notamment dans les technologies vertes, nécessitent une sécurisation offensive des ressources. Nickel, cuivre, routes maritimes deviennent autant de pièces sur un échiquier impérial. Les nouvelles routes de la soie en sont la traduction la plus visible : couloirs de production, ports, infrastructures, endettement stratégique. Tout plutôt que l'isolement. Tout plutôt que l'asphyxie.

Mais la logique n'est pas seulement économique. Elle est aussi sociale et politique. Le Parti communiste chinois, jadis adossé à la paysannerie et au prolétariat d'usine, s'adresse désormais aux bénéficiaires de la croissance : les classes moyennes des grandes villes, la bourgeoisie manufacturière et technologique. Pour tenir cet ensemble hétérogène, il faut de nouveaux récits : un nationalisme cocardier, la quête de reconnaissance mondiale, la réinvention d'une fierté impériale. L'armée suit. La marine s'équipe.

L'espace, le cyber, l'intelligence artificielle deviennent les nouveaux théâtres de puissance. Mais la stratégie reste patiente : gagner du temps. Laisser l'Amérique s'isoler. Laisser Taïwan douter. Laisser l'hégémonie s'imposer d'elle-même, par effet d'évidence.

La Russie, elle, ne revient pas à l'empire. Elle ne l'a jamais quitté. Elle s'est construite au fil des siècles comme un État impérial, sur la diversité forcée des peuples et un autoritarisme centralisateur. Elle ne conçoit pas son avenir en rupture avec son passé, mais dans la continuité d'une civilisation. Elle hésite entre un tropisme occidental et une identité eurasiatique, entre Pierre le Grand et Ivan le Terrible, entre Saint-Pétersbourg et Moscou.

Cette Russie post-soviétique, reconstruite autour de l'idée d'une destinée géopolitique singulière, se sent aujourd'hui confortée. Non pas isolée, mais légitimée. La reconquête de sa zone d'influence, la remise en question des frontières héritées de 1991, la présence dans les crises du Moyen-Orient, les liens renforcés avec l'Afrique ou l'Asie : tout cela obéit à une logique d'encerclement souple, d'expansion périphérique. La guerre d'Ukraine n'a pas simplement choqué l'Europe, elle a confirmé au reste du monde que les règles internationales n'étaient plus universelles. Et que la force redevenait une langue audible.

L'Inde s'affirme, forte de sa démographie, de sa croissance, de son ancrage culturel millénaire. Mais elle hésite entre ouverture stratégique et nationalisme hindou. Elle veut être un empire sans renier la démocratie, un pivot entre l'Occident et l'Asie sans toujours savoir quelle voie privilégier. La Turquie rêve de reconstituer l'espace ottoman, réactivant une diplomatie panislamique en mémoire du califat perdu, mais aussi panturque, en direction de l'Azerbaïdjan et de l'Asie centrale, et même paneuropéenne, héritée de l'Empire byzantin que les Ottomans avaient conquis.

C'est cela, le nouvel âge de fer, une mécanique de dislocation du monde d'après 1945 qui avance d'elle-même, inexorablement. Non plus un ordre mondial, mais une série de désordres impériaux. Des logiques conquérantes réactivées, des souverainetés remises en cause, des peuples utilisés comme leviers. Ce n'est pas le retour de l'histoire, c'est son emballement. Et, dans cette mêlée, l'idéal d'un monde organisé autour d'États libres, égaux, coopérants, s'éloigne.

Si l'Amérique, à travers le trumpisme, a réactivé les réflexes d'une puissance brute, c'est qu'un basculement stratégique a profondément ébranlé ses repères : l'irrésistible ascension chinoise, une montée méthodique, patiente, structurée – qui redéfinit l'équilibre du XXIe siècle. Deux signaux ont agi comme détonateurs à Washington. Le premier : les nouvelles routes de la soie, lancées en 2013 par Xi Jinping. Ce n'est plus la Chine qui s'ouvre au monde, c'est le monde qui s'organise autour d'elle. Le second : le plan « Made in China 2025 ». Moins visible, mais tout aussi décisif. Il ambitionne de faire de la Chine la première puissance technologique et industrielle dans les secteurs clés : intelligence artificielle, robotique, biotechnologie, véhicules électriques, semi-conducteurs. La Chine ne veut plus être l'atelier du monde, elle entend en devenir le cerveau. L'Occident, longtemps en surplomb, découvre la fragilité de son avance.

La perspective a semblé tout à coup, au milieu des années 2010, inéluctable : d'ici 2049 – cent ans après la fondation de la République populaire –, la Chine pourrait dépasser les États-Unis sur plusieurs fronts : économie, innovation, influence diplomatique. Au-delà de la montée d'un rival, ce que redoute Washington, c'est la perte du monopole. Celui de dire le monde et de l'organiser. Car la Chine ne se contente pas d'accumuler du pouvoir. Elle propose un autre récit : ordre sans débat, développement sans démocratie, stabilité sans pluralisme – une prospérité pilotée, un autoritarisme rationalisé.

C'est ce double mouvement – affirmation chinoise, inquiétude américaine – qui impulse le réflexe impérial de la Maison-Blanche. Le trumpisme n'est pas une anomalie. Il est une réponse brutale à une perte relative de contrôle, un automatisme de domination face à un système qui lui échappe. Mais il ne s'agit pas d'une guerre froide bis. Plus que de deux blocs hermétiques, il s'agit de deux logiques imbriquées, interdépendantes et pourtant incompatibles. La Chine maîtrise les terres rares, les ports, les chaînes de production, les données. L'Amérique contrôle la monnaie, les brevets, les alliances militaires, les plateformes numériques. Le monde devient champ de tension entre deux rationalités impériales.

Vers la guerre hybride globale

Les empires relancent aujourd'hui leur rivalité globale dans tous les champs de la puissance. La guerre devient un état latent, la toile sur laquelle se dessine la compétition planétaire. Les flux deviennent frontières. Les routes maritimes, naguère artères du commerce, sont désormais des lignes de front. Chaque détroit militarisé, chaque port surveillé redessine une nouvelle géographie de la puissance au croisement de la logistique et du rapport de forces. Et partout la logistique parle la langue des armes. La guerre de demain commence dans les ports du golfe Persique, sur les rails de la route de la soie, dans les batteries électriques ou les réseaux de fibres sous-marines.

Ce qui change, ce n'est pas seulement la fréquence des conflits, mais leur fonction politique. La guerre devient le mode par défaut de régulation des puissances. Elle structure l'économie par les chaînes d'armement, les budgets militaires, la militarisation de la recherche. Elle redessine l'espace par la sécurisation des routes, des flux, des ressources, des zones d'influence. Elle façonne les récits médiatiques, les logiques d'alliances, les priorités nationales. Elle devient le langage commun des empires. La guerre n'est plus un événement : elle devient une infrastructure du monde. Un arrière-plan permanent, fluide, non déclaré mais omniprésent. Et dans ce contexte, la paix n'est plus la norme à défendre, mais une parenthèse tactique, un moment utile pour réarmer et renforcer les alliances.

Ce basculement est redoutable. Le droit international, dans ce contexte, n'est plus le socle de la légitimité, mais un outil parmi d'autres. Il est mobilisé ou contourné selon l'opportunité. Les règles se redessinent à mesure que les puissances avancent et que les empires se reforment non par conquête spectaculaire, mais par grignotage insidieux, par normalisation du conflit. La carte du monde n'est plus la mosaïque des nations mais le pointillé des accès, des zones de passage, des goulots logistiques, des points de bascule. La technologie est devenue champ de bataille à part entière. Chaque ligne de production de semiconducteurs, chaque câble sous-marin, chaque station orbitale, chaque standard algorithmique devient désormais une cible stratégique et un enjeu de souveraineté. Les grandes puissances cherchent moins à occuper des territoires qu'à contrôler les infrastructures de l'intelligence à travers réseaux, données, normes industrielles.

Les États-Unis et la Chine se livrent une guerre froide technologique faite d'embargos, de rachats stratégiques et de blocages logistiques. L'Europe, prise entre deux pôles, découvre l'étendue de sa dépendance ; sa vulnérabilité ne tient pas à sa géographie, mais à son architecture numérique. Et pendant ce temps, les citoyens deviennent eux-mêmes des territoires conquis. La surveillance devient une ressource. L'opinion, un flux à calibrer.

Les empires réarment sur tous les fronts simultanément. Partout, les budgets militaires augmentent. L'espace aérien, maritime, exo-atmosphérique devient théâtre de manœuvres. Les empires réinvestissent dans les capacités de production industrielle de guerre, modernisent leurs arsenaux nucléaires, développent des drones, des cyberarmes, des intelligences artificielles militaires. Le champ de bataille s'est étendu : il n'a plus de limites spatiales, plus de seuils temporels. Ce n'est plus la guerre comme rupture mais la guerre comme continuum. Une guerre non déclarée mais omniprésente.

La mécanique guerrière nourrit aussi une spirale de prolifération nucléaire. Bien des stratèges dans le monde n'auront tiré qu'une leçon de l'attaque de l'Ukraine par la Russie : si Kiev n'avait pas cédé en 1994 son arsenal nucléaire en échange de la garantie de ses frontières par les États-Unis, le Royaume-Uni et la Russie, elle n'aurait pas été envahie. Les mêmes, ou d'autres, constatent avec la diplomatie erratique de Donald Trump que la parole des États-Unis n'engage plus comme auparavant. Les alliés peuvent être tentés d'assurer désormais leur propre dissuasion. Ces tentations multiples sont ce qu'on appelle la prolifération horizontale, mais il faut y ajouter la pression à la prolifération verticale, à l'expansion, la modernisation et la diversification des arsenaux nucléaires des puissances dotées, augmentant de façon disproportionnée les risques d'usage réel de ces armes.

C'est dans ce contexte qu'émerge un concept aussi central que dangereux : la guerre hybride. Un terme apparemment technique, mais porteur d'une révolution stratégique. Il brouille les frontières entre guerre et paix, entre civil et militaire, entre intérieur et extérieur. Il dissout les distinctions fondatrices du droit international et de la démocratie. C'est en dernière analyse la guerre telle que les empires la conçoivent : perpétuelle, asymétrique, opaque. Un outil de maintien de l'ordre par la peur à l'intérieur, un instrument d'expansion dans les interstices incertains du monde. Nous devons apprendre à y résister sans pour autant en adopter la logique, au risque d'y être engloutis.

À la différence de la guerre froide, qui reposait sur une bipolarité explicite et une forme de stabilité stratégique, la guerre hybride fonctionne par seuils progressifs d'irréversibilité. Elle est faite de cyberattaques, de campagnes de désinformation, de sabotages économiques, de pressions diplomatiques maximales, de violences asymétriques. Déjà, cette guerre hybride devient mondiale. Ce que nous voyons émerger, c'est la première guerre hybride globale de l'Histoire : un conflit multiforme, étendu à l'échelle planétaire, mobilisant tous les leviers de la puissance, qu'ils soient militaires, économiques, technologiques, culturels, cognitifs. Une guerre dans laquelle les sociétés elles-mêmes sont devenues les premières cibles, et parfois les premiers vecteurs. Et demain, si les seuils sont franchis, si les ambitions s'entrechoquent sans cadre, cette guerre globale pourrait devenir totale, quoique d'un genre nouveau. Non pas une Troisième Guerre mondiale au sens classique, mais une guerre totale déterritorialisée, multidimensionnelle, sans déclaration de guerre ni paix possible. Parmi les points chauds du globe, Taïwan est le principal abcès de fixation des aspirations nationales chinoises et des tentatives d'endiguement américaines. Chaque geste mal interprété est susceptible de conduire à l'irréparable. D'où la nécessité de mettre en œuvre des mécanismes robustes de déconfliction.

Dans les conflits d'hier, la puissance se mesurait à la force des armes, à l'étendue des territoires, à la robustesse des économies. Mais aujourd'hui, un autre champ de bataille s'est imposé : celui des récits.

Le XXIe siècle consacre une nouvelle forme de domination – moins visible, mais plus profonde : la conquête des esprits. Dans cette guerre cognitive portant sur des symboles, des mots, des imaginaires, l'Europe est en première ligne. Parce qu'elle incarne – encore – un autre modèle. Celui du compromis et du droit. Un modèle lent, imparfait, mais fondé sur l'équilibre et la retenue.

Cette guerre ne se mène pas avec des tanks, mais avec des récits simplificateurs, des émotions manipulées, des peurs amplifiées. Le populisme en est l'arme : amplifier les divisions, nourrir les colères, polariser les sociétés, affaiblir les gouvernements.

Chaque crise – migratoire, énergétique, sanitaire – devient prétexte à diffuser le même message : Bruxelles est coupable, la démocratie est impuissante, seul un homme fort peut décider. Mais cette guerre ne se limite pas aux sphères diplomatiques. Elle pénètre chaque conscience. Le levier principal, désormais, est l'entrisme technologique grâce aux plateformes, aux algorithmes, aux figures d'influence. L'arène du politique s'est déplacée vers les interfaces.

Elon Musk et ses pairs incarnent cette nouvelle féodalité numérique. Ils ne sont plus seulement entrepreneurs : ils sont prescripteurs. Ils possèdent les réseaux. Ils diffusent leurs récits, relaient leurs convictions, interrompent ou facilitent l'accès à la connectivité. Ce pouvoir échappe aux parlements, aux juges, aux règles collectives parce qu'il est individuel, opaque, transnational, en dernière analyse, une souveraineté privée sans contre-pouvoir.

Les espaces déchirés

Face à cela, résister, ce n'est pas seulement s'opposer à un adversaire extérieur. C'est refuser que l'imaginaire soit colonisé. C'est défendre la souveraineté du sens, la pluralité des récits, la lenteur de la pensée. C'est cultiver des récits enracinés et partagés. Redonner à la parole publique sa gravité. Et à la politique son rôle premier : dire ensemble ce que nous voulons devenir.

Aujourd'hui, dans cette logique impériale, la paix même peut devenir un levier de puissance, un calcul stratégique dans la guerre globale. Ainsi, face à l'engrenage des crises, tant en Ukraine qu'au Proche-Orient, Donald Trump se présente en promoteur de paix, mais une paix de circonstance, conçue comme un acte de communication, soucieuse de bénéfices immédiats, diplomatiques ou économiques, sans souci réel de l'avenir, ni des peuples concernés. Chaque fois, le même schéma se répète : un président américain se rangeant du côté du plus fort, Vladimir Poutine en Ukraine, Benjamin Netanyahou à Gaza. Dans les deux cas, les peuples sont relégués au rang de variables secondaires.

Pourtant, ce qui se joue aujourd'hui dépasse l'Ukraine. Ce qui se prépare dépasse Gaza. Nous entrons dans un monde où la guerre n'est plus un accident, mais un outil ordinaire, une méthode banalisée du rapport de forces. Ce nouvel âge de fer n'est pas une menace lointaine : il est déjà là. Et il tente d'aspirer l'Europe stupéfiée dans son engrenage, comme une proie offerte à des ambitions croisées. Le piège se referme.

Ce n'est pas un hasard si ces espaces – Ukraine, Gaza – sont devenus centraux dans la nouvelle grammaire de la puissance. Les empires investissent en priorité les zones interstitielles, ces marges que l'on croyait périphériques mais qui deviennent des carrefours stratégiques. C'est là qu'ils peuvent se mesurer avec le moins de freins et de risques ; c'est là qu'ils peuvent affaiblir ensemble les États-nations qui encombrent leur vision du monde divisé en zones d'influence. À cet égard, le plan Trump sur le « partage » des ressources minérales ukrainiennes, même s'il a beaucoup changé depuis ses premières formulations, dépasse la simple cupidité. D'un côté, il fixe un précédent dangereux en sapant la souveraineté ukrainienne dans un moment de vulnérabilité maximale. De l'autre, il apporte des promesses minimales d'une présence américaine dans la durée, à défaut d'une garantie formelle de sécurité.

L'Europe de l'Est, elle, semble rattrapée par une malédiction historique. Elle redevient ce qu'elle fut si souvent : un espace de frictions, d'affrontements et de glacis. L'invasion de l'Ukraine par la Russie en 2022 a créé un fait accompli, quelles que soient les justifications avancées par Moscou. La remise en cause de l'intangibilité des frontières, la violation du Mémorandum de Budapest de 1994 – qui garantissait l'intégrité territoriale de l'Ukraine – font redouter des répétitions ailleurs. D'abord dans d'autres ex-Républiques soviétiques, puis chez des voisins plus proches, comme la Pologne. Dans les pays Baltes, où les minorités russophones sont encore significatives, le risque est d'autant plus aigu que ces États ont appartenu à la fois à l'URSS et à l'Union européenne. Ils constituent le test ultime de la détermination européenne, la véritable inconnue de l'équation poutinienne. L'Europe n'a pas d'autre choix que de s'engager fortement et durablement sur les deux fronts vitaux pour elle : la défense du droit international d'un côté, la garantie de sa sécurité sur sa frontière orientale de l'autre. Cela suppose d'empêcher que l'Ukraine ne devienne un État failli, un trou noir sécuritaire. Il faut se résoudre à bâtir un chemin d'adhésion graduelle à l'Union européenne, à la fois pragmatique et encadré. Il faut aussi refuser toute validation juridique de transferts territoriaux imposés qui ne seraient pas librement consentis par l'Ukraine.

Le Moyen-Orient, quant à lui, demeure un foyer incandescent des tensions impériales : fragmenté, fracturé, surarmé et traversé par des conflits identitaires, religieux, énergétiques. La région n'est plus seulement un théâtre d'affrontements entre grandes puissances : elle est devenue le creuset où s'imbriquent toutes les logiques impériales. Externes avec les États-Unis, la Russie, la Chine ; internes avec l'Iran, Israël, la Turquie, l'Arabie saoudite. Mais dans ce carrefour du monde, nul ne peut durablement imposer son hégémonie. D'où une succession de jeux d'équilibre et de bascule, perpétuels et instables.

La tragédie du 7 octobre 2023 a ouvert une nouvelle ère pour tous les peuples de la région, tout en rappelant au monde que les plaies du passé ne se sont pas refermées. Face à des attaques terroristes d'une ampleur inédite, Israël, confronté à une menace existentielle sur son territoire, a répondu par une logique de guerre sans limites, menée sur sept fronts et accompagnée d'un durcissement intérieur, de la mise au pas de la justice et des médias. Le risque est double : voir basculer complètement la démocratie israélienne vers un modèle séparatiste, annexionniste, militariste ; mais aussi laisser dans l'histoire collective les stigmates durables des bombardements massifs sur Gaza et du siège imposé à une population entière en violation du droit humanitaire international. Tant qu'il n'y aura pas de justice pour tous les peuples de la région, y compris les Palestiniens, mais aussi les Libanais et les Syriens, il n'y aura pas de paix durable, ni d'ordre véritable au Proche-Orient. C'est ce qui rend les victoires tactiques de Tsahal aussi tragiques que politiquement fragiles. Même si l'Iran apparaît aujourd'hui affaibli, même si ses relais – le Hamas, les Houthis et le Hezbollah – subissent des pertes lourdes, la tentation d'un changement de régime à Téhéran ravive un autre spectre, celui d'une déstabilisation régionale supplémentaire. Et avec lui celui d'une domination américaine sans partage sur la région, directe ou par procuration. C'est là un retour inquiétant de la « Question d'Orient », avec ses effets pervers bien connus d'instabilité durable, de surenchère des extrêmes, d'un retournement possible des alliés de circonstance.

L'Amérique latine, autrefois considérée comme l'arrière-cour des États-Unis, redevient un espace d'intérêt stratégique mondial. La Chine et la Russie y avancent leurs pions avec méthode. Les ressources abondantes – cuivre, lithium, gaz, terres agricoles – aiguisent les rivalités et attisent les convoitises. Les régimes vacillent, les alliances se renégocient. Le

Brésil de Lula tente de construire une troisième voie, fondée sur l'équilibre et l'autonomie stratégique, qu'il est dans l'intérêt de l'Europe de soutenir et d'accompagner. Le traité UE-Mercosur ne saurait être abordé sous le seul angle commercial. Il a une dimension géopolitique majeure. Mais il nous revient de défendre pied à pied les intérêts européens dans ce partenariat en assumant notre responsabilité politique.

L'Asie du Sud-Est incarne la zone-pivot du XXIe siècle. Elle est le cœur battant de la mondialisation et le principal théâtre de l'affrontement sino-américain. C'est là que se jouera l'équilibre du Pacifique, dans le détroit de Malacca, sur les récifs de la mer de Chine méridionale, dans les grands accords commerciaux, dans les pactes de sécurité. Les États devront veiller jalousement à leur indépendance et à leur stabilité intérieure, tout en arbitrant. Mais ils devront aussi éviter que ce jeu d'équilibre ne dégénère en instabilité chronique ou ne les transforme en théâtres de guerre civile par procuration. L'Indonésie, géant naissant mais archipélisé, à l'unité fragile, a les dimensions, les ressources et la position pour devenir une grande puissance pivot. Ses projections de croissance à long terme en font le seul nouvel émergent à l'horizon du milieu du siècle. L'Inde peut, dans ce contexte, jouer un rôle stabilisateur, empêchant le face-à-face sino-américain de dégénérer. Mais cela exige une vigilance permanente, en raison notamment de la prolifération d'alliances militaires (pacte anglo-saxon de l'Aukus – Australie,

Royaume-Uni, États-Unis –, ou réunion du Quad – Dialogue quadrilatéral entre l'Inde, le Japon, l'Australie et les États-Unis) qui peuvent, à force d'entrelacements, conduire à la déflagration, comme jadis les alliances de 1914.

L'Afrique, enfin, demeure convoitée et fragmentée. Les tentatives d'hégémonie s'y succèdent et échouent. Aucun empire africain ne se dessine. Mais les appétits s'aiguisent, la compétition s'intensifie, les routes stratégiques se densifient, du Sahel aux Grands Lacs. La course impériale s'y joue sur fond d'instabilité chronique et de tragédies humaines. Il est de l'intérêt, mais aussi de la responsabilité morale et politique de l'Europe d'empêcher un nouveau et funeste « partage de l'Afrique ». Aujourd'hui, la bataille collective pour la croissance et pour le développement, seule, peut éviter la catastrophe annoncée pour un continent dont le poids démographique mondial ne va cesser d'augmenter d'ici la fin du siècle – jusqu'à plus de 4 milliards de personnes – et dont le retard économique ne cesse de se creuser. En 1990, une personne sur sept en situation de pauvreté dans le monde vivait en Afrique. En 2030, elles seront quatre sur cinq. La brutalité des coupes des États-Unis dans le budget de l'USAID doit être l'occasion de remettre autour de la table les donateurs mondiaux pour faire émerger une nouvelle stratégie collective. Cela passe par un partenariat global et complet sur les volets politique, économique et social avec trois priorités fortes et la participation des principales puissances mondiales. D'abord une coopération de sécurité étroite avec l'Union africaine pour résoudre et prévenir les conflits entre États-nations continentaux, susceptibles d'être avivés par les compétitions de puissances extérieures. Ensuite une coopération économique entre les grandes banques de développement autour d'un fonds d'avenir pour l'Afrique, concentré sur les infrastructures énergétiques et de transport capables de libérer la croissance. Enfin, une priorité absolue donnée à l'éducation, du primaire au supérieur, condition de la stabilité politique, économique et démographique de long terme du continent.

Mais, au-delà de ces batailles géographiques, c'est une autre guerre qui se prépare : la bataille pour l'ordre international. Tel qu'il a été conçu en 1945, il repose sur une fiction noble : celle de la paix par le droit, de la souveraineté par l'égalité, de la sécurité collective par l'alliance. Or cet ordre est aujourd'hui miné de l'intérieur. Les empires n'en veulent plus. Les uns, comme la Russie, veulent le détruire. Les autres, comme la Chine, veulent le remodeler à leur avantage. L'ONU est marginalisée, le multilatéralisme court-circuité, le droit international invoqué à géométrie variable. Ce que l'on voit poindre, c'est un retour assumé aux sphères d'influence et aux rapports de forces bruts. L'ordre de 1945 s'efface par indifférence stratégique, par corrosion lente des principes. Cette confrontation entre empires vise la domination exclusive. Ce que certains osent déjà nommer un « empire mondial ».

Ainsi, les empires dessinent, dans leur confrontation continue, un monde d'incertitudes stratégiques, de recompositions brutales, de rapports de forces déliés de toute morale à l'extérieur et une soif de contrôle mobilisant les peurs à l'intérieur. Voilà la nouvelle équation impériale. Si nous voulons en modifier les termes, nous devons articuler trois niveaux de réponse. La première est pragmatique : que faire face aux adversaires stratégiques et aux défis internationaux de l'Europe aujourd'hui ? La deuxième est identitaire : qui sommes-nous, Européens, et que pouvons-nous pour ne dépendre que de nos propres forces ? La troisième est politique : comment échapper à l'emprise de l'occidentalisme, qui nous conduit à agir à l'encontre de nos intérêts, de nos principes et de notre dignité ?

IV

La déclaration d'indépendance européenne

L'heure européenne a sonné. L'Europe est l'antidote qui nous permet d'espérer en un monde raisonnablement sûr. En effet, l'Europe peut et doit dire non à ce monde des empires. La première exigence, à vrai dire, c'est qu'elle trouve en elle la force de dire non, la confiance en soi, les capacités de réflexion stratégique. Elle doit se doter d'une feuille de route.

L'Europe doit tenir bon. La France doit tenir bon. Et cela commence par reconnaître que le soutien à l'Ukraine est vital, car c'est notre propre sécurité qui s'y joue, comme s'est joué en Espagne en 1936 le destin européen. Nous devons continuer à soutenir l'Ukraine, à défendre sa souveraineté face à l'agression russe. Nous devons également réaffirmer notre engagement à participer à tout effort de consolidation d'un cessez-le-feu, puis d'une paix durable avec garanties de sécurité, dans un cadre multilatéral et en coordination étroite avec nos partenaires européens.

C'est ainsi que nous démontrerons qu'il y a bien une stratégie européenne face aux crises.

Trois principes doivent guider l'action européenne. D'abord, le principe d'unité. Il ne sert à rien de courir chacun pour soi dans l'antichambre du pouvoir américain. Il faut une voix européenne : claire, cohérente. Une Europe qui ne cherche pas l'approbation du plus fort, mais l'accord volontaire des nations. Ensuite, le principe de sécurité. La dissuasion ne s'improvise pas, elle se construit dans la durée, par la légitimité du droit et la solidité des alliances. Il ne peut y avoir de sécurité sans vision d'ensemble, sans stratégie partagée. Enfin, le principe d'indépendance. L'Histoire nous a appris les dangers des automatismes comme des emballements : l'engrenage des alliances en 1914, les retournements de 1940, l'humiliation de Suez, l'enlisement des guerres coloniales. C'est dans la fidélité à notre tradition diplomatique que réside notre force. Celle de la parole tenue, de l'équilibre recherché, de la paix bâtie. La France et l'Europe doivent être les architectes politiques, avec les Ukrainiens, d'une paix fondée sur le droit, la souveraineté des nations et la sécurité collective. Face aux initiatives compulsives de l'administration Trump cédant aux injonctions russes, il nous revient de rappeler au président américain qu'il portera l'entière responsabilité de l'accord qu'il aura conclu. Face aux cynismes des empires, il n'est pas de plus grande force que celle des principes.

Et cela vaut aussi pour le Proche-Orient. À Gaza, l'Europe ne peut continuer à rester spectatrice muette d'un conflit qui broie les civils et détruit toute perspective de paix. Face à la violation systémique du droit international, qui ne cesse de s'aggraver, du gouvernement Netanyahou, la réponse européenne ne peut plus écarter la question des sanctions : le gel de l'accord d'association UE-Israël doublé d'un embargo sur les armes et les technologies duales. Pourtant, les pays de la région se mobilisent. Le plan adopté au Caire constitue aujourd'hui une alternative crédible à l'enlisement dans la violence et à la légalisation du fait accompli portée par le plan Trump, une « Riviera de Gaza » qui n'a guère d'autre précédent que les traités des réserves indiennes conclus par les États-Unis jadis. D'autant qu'une nouvelle étape est franchie, marquée par la détermination du gouvernement de Benjamin Netanyahou d'avancer vers une réoccupation durable de Gaza, accompagnée d'un déplacement massif de la population palestinienne qui augure d'un véritable nettoyage ethnique.

Sur un deuxième plan, face au nouveau jeu de forces, la question cruciale est celle de la posture à adopter pour qui se trouve dans le collimateur de la superpuissance américaine. Le dilemme oppose les « intransigeants » – qui refusent toute concession pour ne pas encourager la surenchère – et les « accommodants » – qui craignent que l'affrontement ne produise plus de dégâts encore. Pour l'heure, la Chine et l'Europe alternent sanctions et pauses négociées. Dans un monde profondément interdépendant, le conflit ciblé d'un jour peut se transformer en guerre commerciale globale le lendemain. Faut-il faire front commun ou négocier à la marge ? L'issue est incertaine.

Toutefois, un principe d'équilibre émerge : la clarté stratégique. Être clair sur ses lignes rouges et sur les mesures de rétorsion prévisibles afin de décourager les tactiques de pression continue. Focaliser sa riposte sur ce qui, à long terme, assure une souveraineté réelle. Pour l'Europe, l'essentiel n'est pas d'augmenter tel ou tel droit de douane, mais de renforcer sa maîtrise des données et des technologies clés. Le combat pour la souveraineté numérique et la protection des infrastructures critiques vaut davantage qu'une réponse dispersée sur des segments d'importation spécifiques.

L'affirmation stratégique

Face à la nouvelle donne, il s'agit de déterminer la meilleure manière de se protéger au niveau national et collectif. D'abord, repenser la politique industrielle en valorisant nos savoir-faire locaux plutôt que d'investir à tout prix dans des filières exportatrices vulnérables aux aléas du marché. Par exemple, miser sur la transformation locale des ressources minières ou agricoles pour viser l'autosuffisance et créer de la valeur ajoutée. Ensuite, raccourcir les chaînes de valeur en privilégiant des zones commerciales plus proches, plus sûres, quitte à renoncer à une partie des gains de la mondialisation. Les alliances régionales ou de proximité deviennent des références face à l'incertitude globale. Enfin, diversifier les risques financiers. La domination du dollar vacille, mais la transition vers un système multipolaire sera chaotique. Il faut donc répartir les actifs, nouer des accords monétaires bilatéraux ou régionaux et inventer des mécanismes de garantie fondés sur les réserves naturelles ou la valeur foncière. Dans un monde de raréfaction, l'usage d'un « collatéral naturel » – sous-sol ou terres agricoles – peut devenir une arme de stabilisation monétaire.

L'agilité s'impose pour sortir de la nasse. Il nous faut réinventer des formes de coopération régionale ou sectorielle, mobiliser les organismes multilatéraux sur des projets concrets – qu'il s'agisse de transition énergétique, de stabilisation monétaire ou de sécurisation alimentaire – pour leur redonner une utilité visible. L'Europe, pour sa part, a tout intérêt à tisser de nouvelles alliances avec l'Afrique, l'Asie du Sud-Est ou l'Amérique latine, sur des objectifs communs : le développement durable, la régulation des investissements, la gestion des migrations, la sécurité collective. C'est l'occasion de refonder un multilatéralisme pragmatique, bâti sur des passerelles régionales et des partenariats concrets, plutôt que sur de simples incantations. Dans cette perspective, l'Europe doit jouer un rôle pivot. Son réveil stratégique actuel n'a de sens que s'il s'inscrit dans la dynamique économique et financière globale. D'un côté, le Vieux

Continent doit sauvegarder son unité dans la tempête et accélérer l'intégration de ses marchés de capitaux, afin de mobiliser les fonds nécessaires à la transition et de ne plus dépendre exclusivement de flux externes. De l'autre, il lui revient de faire la preuve qu'un modèle de régulation mondiale reste encore possible : ouvert, réciproque, équitable.

L'Europe n'a pas vocation à se couper du monde, mais à proposer un espace d'équilibre capable de résister à la guerre commerciale généralisée sans sombrer dans un protectionnisme aveugle. Elle peut s'allier à des puissances émergentes pour redéfinir les règles monétaires et initier un grand chantier de transparence sur les matières premières stratégiques, en coordination avec la Banque mondiale ou les banques de développement régionales.

Nous sommes à la croisée des chemins. D'un côté, un ordre mondial fracturé, dominé par la confrontation, la menace réciproque et la raréfaction concurrentielle. De l'autre, un ordre à réinventer, fondé sur la solidarité et la responsabilité partagée. Dire non à la brutalité, c'est refuser l'unilatéralisme et affirmer une ambition collective, seule capable de raviver la confiance dans l'avenir. Les défis économiques et monétaires, la course aux ressources, la tentation de la fermeture représentent des périls imminents. Pourtant, ils peuvent aussi être l'occasion de renouveler l'architecture mondiale, de renforcer les coopérations régionales dans le respect mutuel et d'accompagner les pays les plus vulnérables dans une transition juste et équitable.

Pour l'Europe, oser dire non, c'est dire oui à une souveraineté partagée et à un ordre équilibré. C'est se doter d'une diplomatie financière et industrielle, investir dans des infrastructures et des technologies nous affranchissant de dépendances critiques, tout en consolidant nos liens avec le Sud global. Enfin, c'est revendiquer une parole forte au nom du droit, de la justice et de la paix, en s'appuyant sur les avancées multilatérales encore possibles et sur la clarté de nos principes.

L'indépendance des Européens

La deuxième exigence du non européen, c'est de se donner réellement les moyens de son indépendance. Cela ne s'improvise pas. C'est la tâche d'une génération entière.

L'Europe, et par là j'entends à la fois les États européens et les institutions européennes, est la meilleure garantie de sécurité pour nous, Européens. L'enjeu est pressant. L'invasion de l'Ukraine en 2022 a été un réveil brutal face à nos dépendances énergétiques et à nos insuffisances militaires. Trois ans de guerre en Ukraine ont détruit plus de dix fois le nombre de chars de l'inventaire français. Pour ceux qui s'étaient rendormis, Donald Trump a brutalement sonné le rappel à l'ordre début 2025 par sa volte-face sur l'Ukraine. Nous sommes seuls, isolés, et nous ne pesons pas grand-chose. La défense européenne n'est plus un choix. L'Europe, qui fut, selon le mot du général de Gaulle, le « levier d'Archimède » des nations d'Europe, doit désormais devenir le « bouclier d'Archimède » permettant à chaque pays de bénéficier de la protection effective des autres. Il n'y aura pas demain d'armée unique européenne, mais il peut y avoir une armée commune des Européens, mutualisant les achats, les entraînements, la planification stratégique et la logistique.

Sur les opérations, nous prenons conscience que les Européens membres de l'OTAN ne pourraient assumer de mission ambitieuse ensemble sans appui américain. Cela signifie qu'il faut œuvrer pour une OTAN à deux niveaux d'interopérabilité ; l'un, de base, entre tous les Européens de l'alliance ; l'autre réservé au pilier européen et aux États-Unis. Avant de parler de quitter l'OTAN, il faut se donner les moyens objectifs de choisir. Une « avant-garde » européenne sera nécessaire, associant d'abord les cinq principales armées de l'Union européenne – France, Allemagne, Italie, Espagne, Pologne –, c'est-à-dire à elles cinq les deux tiers des dépenses des Européens continentaux de l'OTAN, ainsi que des partenaires régionaux, Royaume-Uni, Turquie et Norvège. Cette base volontaire aurait vocation à être formalisée dans un traité de défense collective, progressivement ouvert à d'autres participants.

En matière d'équipements, notre dépendance est tout aussi évidente, sachant que les deux tiers des commandes militaires des pays européens, ces cinq dernières années, ont porté sur du matériel américain, et jusqu'à 90 % pour certains pays. De surcroît, l'utilisation de la technologie américaine n'est pas neutre. Les F35 américains pourraient être empêchés de décoller à distance par les États-Unis. Or, plus de la moitié des forces aériennes européennes est constituée de F16 et de F35, d'où le paradoxe du Danemark qui pourrait voir ses avions cloués au sol en cas d'invasion impensable du Groenland. Par ailleurs, dans de nombreux domaines industriels, nous ne sommes pas encore en mesure de produire les quantités nécessaires.

Pour assurer l'indépendance collective de la défense européenne et nous hisser à la hauteur des empires, nous devrons accepter un véritable partage du fardeau, en assumant un certain degré de planification des installations industrielles de défense en Europe, en mettant en place une capacité de financement commune et pérenne par un emprunt européen ainsi qu'en mutualisant les achats pour améliorer la qualité, les prix et la disponibilité.

Aujourd'hui, un angle mort persiste dans l'enthousiasme général pour le réarmement : réarmer, oui, mais pour quelles missions ? Les différents États ont des visions et des besoins très divers qu'il faudra parvenir à harmoniser. Une dimension de défense territoriale conventionnelle est indispensable pour rassurer les pays de l'Est, en première ligne face à des menaces russes éventuelles, à l'horizon de trois à dix ans. Une dimension de projection de force, dans l'esprit de ce que l'armée française ou britannique est entraînée à faire, sera nécessaire pour conserver une crédibilité globale, notamment dans l'Indo-Pacifique. Cela plaide soit pour une plus grande intégration de notre force aéronavale avec les Britanniques, soit pour des investissements accrus dans la marine, avec l'enjeu de la construction d'un second porte-avions et l'expansion de la flotte de sous-marins nucléaires d'attaque. Une troisième dimension de dissuasion renforcée implique une extension du stock d'armes nucléaires et peut-être une diversification des types d'armements, en réponse aux capacités croissantes des rivaux. À l'heure des doutes sur le parapluie nucléaire des États-Unis, la France a eu raison d'ouvrir le débat sur un possible remplacement de la garantie américaine par l'extension des garanties françaises. Mais cela impose des choix difficiles et urgents, et exige des négociations claires, tant sur les doctrines d'emploi que sur les volumes d'équipements à engager, sans pour autant remettre en question le principe de souveraineté française concernant la décision ultime.

S'y ajoute une dimension essentielle de défense civile, inspirée du modèle suédois de « défense totale » ou du système suisse. Cela implique un renforcement des réserves de défense, non seulement en termes de mobilisation stratégique en cas de crise, mais aussi d'intégration de compétences professionnelles spécialisées, notamment en cybersécurité. Il y a un besoin spécifique de plus d'ingénieurs et plus généralement d'un effort éducatif considérablement accru, car c'est notre meilleure arme face aux obscurantismes et aux déclinismes dans cette compétition pour la puissance. Face à la menace de la guerre hybride globale, nous avons besoin d'une hybridation des forces armées et de sécurité : espace, cyber, intelligence artificielle, information et sécurité des réseaux.

Cette déclaration d'indépendance européenne, que nous devons appeler de nos vœux, se décline en d'autres dimensions. L'indépendance technologique de l'Europe est désormais vitale, notamment pour rester en lice sur les prochaines percées technologiques, en particulier celles de l'IA, des nanotechnologies ou du calcul quantique. Tous les observateurs le disent et Mario Draghi l'a rappelé récemment dans un rapport remarqué : l'Europe est passée en deuxième catégorie en matière d'innovation, et elle en paye déjà le prix, qui sera bien plus élevé à l'avenir.

Trois batailles pour l'indépendance technologique doivent être menées de front. La première, c'est la bataille des talents. Ils sont là, ils existent. L'Europe forme davantage d'ingénieurs et de chercheurs que les États-Unis, et même davantage de très hauts potentiels dans le domaine de l'IA, mais beaucoup partent, faute de capitaux disponibles en Europe. Il est essentiel de renforcer nos pôles de formation et de leur donner un rayonnement européen plus important pour les principaux d'entre eux – Paris et le plateau de Saclay, Londres prolongé par Cambridge, Munich. Il faut aussi combler le fossé des financements pour permettre le lancement d'un plus grand nombre de projets. Beaucoup échoueront, c'est la loi du genre, mais plus ils sont nombreux au départ, plus ils seront nombreux à l'arrivée ; l'effet écosystémique accroîtra même le taux de réussite et chaque génération pourra compter sur le soutien de la précédente.

La deuxième bataille, c'est celle pour la souveraineté des données. Ici, nous devons poursuivre l'œuvre réglementaire, tout en la corrigeant lorsqu'elle tend vers l'absurde. Il faut avancer vers une régulation intelligente qui travaille en temps réel avec l'écosystème d'innovation, avec une approche adaptative et stratégique fondée sur un principe clair : la propriété des données appartient aux citoyens européens et ils ont droit à une information claire et à l'exercice de leur libre choix. Mais l'urgence, au-delà des règles, consiste à bâtir des capacités pour un *cloud* européen souverain, permettant à terme de se passer entièrement des services de géants américains ne pouvant donner de garanties satisfaisantes sur l'extraterritorialité des données qu'ils traitent.

La troisième bataille, c'est celle des capitaux d'amorçage et de croissance pour faire émerger des champions européens, en structurant davantage les marchés de capitaux, dans le cadre de l'Union de l'épargne et de l'investissement. Les géants de la finance demeurent américains et il faut sonner la mobilisation générale de l'épargne européenne au service de la croissance et de l'innovation.

Après cette indépendance technologique, il y a celle de l'énergie, comme nous l'a enseigné durement la crise du gaz russe lors de l'invasion de l'Ukraine en 2022. Le réseau énergétique européen subit ainsi un ensemble de pressions sans précédent. La décarbonation exige un basculement vers des énergies bas carbone, pas seulement pour la production électrique, mais pour l'ensemble des besoins. Le dérisquage économique, qui consiste à réindustrialiser et à raccourcir les chaînes d'approvisionnement mondiales, conduit à augmenter les besoins d'énergie. Le choc de Fukushima en 2011 a incité l'Allemagne à se détourner plus fortement et plus rapidement du nucléaire. Tout cela nourrit les turbulences.

La première clé de notre indépendance énergétique consiste en une programmation et une planification robustes, adossées à un mécanisme de financement collectif de long terme, tout en laissant à chaque pays le choix de son mix énergétique. Il s'agit d'offrir une visibilité de long terme sur les prix dans un marché qui s'est montré volatil concernant les coûts d'installation ces dernières années. La deuxième clé, c'est la maîtrise de l'ensemble de la filière, pour éviter les goulots d'étranglement comme pour les panneaux solaires, dont nous avons perdu la maîtrise industrielle ces dernières décennies, ce qui menace d'arriver à nouveau avec les pompes à chaleur pourtant indispensables à la transition. La troisième clé, c'est, à l'heure de pannes géantes comme en Espagne, la modernisation du réseau électrique et de son architecture, aujourd'hui souvent trop centralisée et mal articulée entre marchés nationaux. L'avenir est à des marchés électriques plus décentralisés, plus collectifs, où l'incitation serait à la réduction de la consommation et pas à la hausse constante de la consommation et de la production. La maîtrise de nos besoins est la seule trajectoire viable face à l'augmentation exponentielle des usages, avec les véhicules électriques notamment.

Cette volonté d'indépendance doit nécessairement être collective, continentale, tout en respectant la singularité de chacun, car c'est là que réside la particularité du projet européen. Un saut confédéral assumé doit renouveler la libre association des États, avec un principe de subsidiarité fort : confier aux institutions de l'Union tout ce que les États séparément ne peuvent accomplir, mais rien de ce qu'ils peuvent faire seuls. C'est cela, le principe fondateur de la liberté européenne, celle que firent valoir contre d'autres puissances les cantons suisses jadis, celle que les cités italiennes opposaient aux empereurs. Ce saut peut s'articuler autour de quatre volets essentiels.

Premier volet : un instrument de pilotage pour un élargissement maîtrisé, progressif, distinct de l'extension automatique de l'OTAN. Il faut se donner le temps d'une convergence économique, politique et sociale sur la durée, créer des paliers et des dispositifs d'aides diversifiés. Il faut éviter tout à la fois les précipitations et les blocages, notamment en renonçant à la règle de l'unanimité pour l'ouverture des différents dossiers d'adhésion, qui prolonge à l'infini les mélodrames. Une telle réforme n'aurait pas besoin d'une révision des traités.

Deuxième volet : une consolidation sociale. L'Europe n'est pas qu'un marché plus ou moins ouvert ou protégé. Elle est aussi une communauté de vie permettant une protection sans équivalent dans le monde des droits individuels, environnementaux et sociaux de ses centaines de millions d'habitants, tout en étant un territoire de compétitivité, d'innovation et d'excellence technologique. C'est en poursuivant les progrès de cette protection et de cette solidarité entre les territoires que nous pourrons faire rayonner le modèle à l'échelle mondiale.

Troisième volet : la compétitivité économique et la croissance. Nous devons accélérer en matière d'innovation technologique et coordonner les financements et les régulations nationales, tout en développant des instruments de financement puissants en faveur de l'innovation de rupture, dans la lignée des expérimentations menées par la JEDI, la Joint European Disruptive Initiative. Stimuler davantage de croissance européenne exige aussi un saut vers une Union de l'épargne et de l'investissement qui mobilise efficacement l'épargne des Européens au profit de l'économie. Faute de rendements suffisants, ce sont 300 milliards d'euros qui partent chaque année vers les États-Unis. Cela suppose enfin d'assouplir les règles de concurrence pour favoriser l'émergence de géants européens dans les secteurs industriels clés pour notre indépendance économique.

Quatrième volet : la consolidation politique de la démocratie. L'adhésion à la démocratie est déjà une condition d'entrée dans l'Union, mais, à l'heure où certains pays pourraient être tentés de franchir les lignes rouges, il convient de réfléchir au renforcement des libertés individuelles. La Cour de justice de l'Union européenne pourrait poursuivre son évolution vers un rôle de garante en dernier ressort assimilable à une Cour suprême européenne restreinte à laquelle un ressortissant pourrait faire appel en cas de litige avec son propre État, pour dénoncer une violation des engagements pris dans le cadre des traités européens. La règle de droit doit rester la boussole commune. Non comme une condition technocratique, mais comme une exigence démocratique. Car sans justice indépendante, sans presse libre, sans respect des minorités, l'Europe ne serait qu'un nom.

La confiance dans les Européens

Dans le même élan qui nous pousse à reconquérir notre souveraineté industrielle, numérique et militaire, il est un autre front intérieur auquel nous ne pouvons plus nous soustraire : celui de la suradministration et de l'inflation normative. La complexité du cadre réglementaire européen, multipliée, par l'action conjointe de la Commission, du Parlement et d'une myriade d'agences, s'est progressivement imposée comme un frein à notre compétitivité. Elle engendre de la méfiance, décourage les initiatives et nourrit l'idée – bien réelle pour nombre de nos concitoyens – d'une Europe technocratique, éloignée des réalités du terrain.

Les chiffres parlent d'eux-mêmes : on évalue aujourd'hui à plus de 120 milliards d'euros par an le coût des obligations administratives et formalités imposées par l'Union aux États, aux entreprises et aux citoyens. Pour des petites et moyennes entreprises, qui sont la richesse et la spécificité de l'Europe dans le monde, c'est un boulet au pied de consacrer des frais d'avocats ou plusieurs emplois à temps plein à ces activités de *reporting*. Aujourd'hui, c'est la directive relative à la publication d'informations en matière de durabilité par les entreprises de 2022, la CSRD, qui cristallise les inquiétudes des entrepreneurs. Chaque année, des centaines de nouveaux actes juridiques européens s'ajoutent à un stock déjà considérable de directives, règlements et standards techniques. Au sein des capitales comme dans les collectivités locales, on peine à suivre l'accumulation des normes à transposer. Ainsi, plutôt que de renforcer notre tissu économique et social, la bureaucratie finit trop souvent par brider l'élan d'innovation et de croissance.

Ce phénomène n'est pas nouveau, mais il a pris une ampleur sans précédent depuis une quinzaine d'années, dans la foulée de l'élargissement, de la crise financière et de l'adoption de règles communes de plus en plus détaillées. Or, le contexte actuel – concurrence accélérée entre grandes puissances, transition écologique urgente, nécessité d'investir dans des technologies de rupture – exige une agilité et une réactivité que les lourdeurs administratives risquent de saborder. L'essor américain dans le numérique, la percée asiatique dans l'industrie verte ou encore le dynamisme d'autres nations, moins contraintes par la surréglementation, doivent nous alerter. À l'heure d'une compétition mondiale accrue, c'est toute la crédibilité de l'Europe qui est en jeu.

Comme une « loi de Gresham » administrative, la « mauvaise réglementation chasse la bonne ». Au-delà de l'impact économique, l'excès bureaucratique mine la légitimité démocratique de l'Union. Pour nombre d'Européens, elle apparaît comme une machine éloignée de leurs priorités, dont les décisions émanent d'instances peu visibles. Ce décalage alimente les doutes, voire la défiance, à l'égard du projet européen. Nous l'avons observé au moment du Brexit, mais aussi dans la montée des euroscepticismes un peu partout sur le continent. Reconnaître le problème et y remédier constitue dès lors un impératif pour renouer avec la confiance.

Cela ne doit pas nous conduire à rejeter toute forme de régulation : l'Europe a pu montrer, dans le champ environnemental, sanitaire ou numérique, l'utilité d'un corpus de règles garantissant un haut niveau de protection. La régulation sert aussi de barrière à l'entrée qui protège nos petites et moyennes entreprises des empiètements de géants extra-européens. Mais le moment est venu de faire la différence entre ce qui est nécessaire pour bâtir une politique commune forte et ce qui relève d'un excès de zèle. Respecter la subsidiarité, confier aux échelons locaux ce qui peut être plus efficacement décidé à leur niveau, renforcer la simplicité et la lisibilité des textes : tel est le sens d'une simplification indispensable. Dans un même esprit, il s'agit de repenser nos procédures de financement et de contrôle : combien de porteurs de projets renoncent à solliciter un soutien européen tant la démarche paraît labyrinthique ? Il est de notre devoir de remettre la politique communautaire au service de la vitalité et de l'initiative, et non l'inverse. Il en va de la confiance que les institutions de l'Europe affichent envers les Européens, de la confiance que nous avons en un juste équilibre entre liberté et sécurité.

Nous devons donc appeler à un sursaut de lucidité et de sobriété réglementaire : identifier, dans la masse des lois et règlements, ceux qui demeurent pertinents pour préserver nos valeurs, protéger l'intérêt général et garantir la cohésion du marché unique ; simplifier ou supprimer ceux qui ne font qu'alourdir nos dispositifs. De même, nous devons encourager au sein de chaque État la lutte contre la « surtransposition » inutile, car lorsque les législations nationales ajoutent de nouvelles strates de complexité, l'Europe est rendue injustement responsable de normes qu'elle n'a pas édictées.

Un tel mouvement est au cœur de la réconciliation entre l'Union européenne et ses peuples, et au service de la puissance économique dont nous avons impérativement besoin. À l'heure où l'Europe aspire à dire non aux logiques d'hégémonie et aux diktats extérieurs, elle doit s'assurer que sa propre gouvernance, allégée et cohérente, renforce l'efficacité de ses politiques.

V

Le refus de l'occidentalisme

Dans ce moment décisif, proclamer la nécessité d'une Europe indépendante ne suffit pas, nous devons assumer nos responsabilités dans le monde. Il ne s'agit plus seulement de consolider notre souveraineté ou de préserver nos acquis, mais d'embrasser un pari plus vaste : celui d'une Europe puissance, à la fois force d'équilibre et de propositions, prête à peser sur la marche de l'Histoire. S'y dérober, c'est se condamner à la stagnation, voire à l'effacement. S'y engager, c'est fonder l'espoir d'un nouvel horizon de prospérité, de stabilité et de liberté. Car l'Europe, si elle entend être une puissance à part entière, doit assumer son identité propre, un message de responsabilité, une volonté affirmée de contribuer à la paix, une ambition de réguler la mondialisation au nom du droit et de la justice.

Face à l'accélération de l'Histoire et à la résurgence des menaces, nous ne pouvons différer ce choix. Car le monde n'attend pas : les tensions sino-américaines s'exacerbent, la compétition technologique s'intensifie, les infrastructures numériques deviennent enjeux de confrontation, tandis que le climat se dérègle et que les inégalités explosent. En restant fidèle à ce qu'elle est, l'Europe peut prendre toute sa place dans ce moment décisif et répondre à l'exigence de solidarité, de mesure et de justice qui lui est consubstantielle.

Une Europe puissance

Pour l'Europe, assumer la puissance ne signifie pas courir après la domination. Face à l'émergence de nouveaux impérialismes, elle a vocation à proposer un modèle alternatif en défendant avec fermeté le droit international et les institutions multilatérales. Dans cet esprit, la diplomatie climatique demeure un enjeu identitaire et structurant. C'est à travers elle, en nouant des partenariats solides et en tissant des passerelles concrètes entre le Nord et le Sud global, que nous pourrons revivifier l'architecture des Nations unies, aujourd'hui sévèrement remise en cause. En novembre 2025, la COP30 à Belém, au Brésil, sera un test majeur. Elle marquera soit un sursaut de la diplomatie climatique, soit son effondrement définitif. À nous de fédérer en amont le plus grand nombre de pays volontaires afin de maintenir l'espérance d'une action collective à la hauteur des enjeux planétaires.

Mais notre ambition doit être plus large. Notre continent doit s'affirmer comme une puissance bienveillante et post-impériale, capable d'exister non par la force, mais par l'exemplarité, non par l'imposition, mais par la proposition. Il doit continuer à défendre, avec clarté et constance, la possibilité d'un ordre juridique international. Si un ordre mondial véritable semble hors de portée, alors veillons au moins à préserver une architecture cohérente, protectrice, démocratique. Un ordre international non pas total, mais inclusif, capable d'accueillir ceux qui le souhaitent, avec ou sans les États-Unis, si tel est le prix de la continuité, dans le cadre rénové des grandes institutions multilatérales : le FMI, la Banque mondiale, l'Organisation des Nations unies. Mais cette renaissance continentale n'a de sens que si elle s'inscrit dans un multilatéralisme repensé et réarmé, adoptant pour doctrine un internationalisme réaliste contrecarrant efficacement la « realpolitik » dépourvue de scrupules.

L'ONU ne peut attendre de savoir si elle succombera à la maladie, comme jadis la Société des Nations, vidée de sa substance avant d'être abandonnée. Elle doit prendre l'initiative et engager sans tarder un processus de réformes pour renforcer sa représentativité : restreindre un droit de veto obsolète, créer des sièges semi-permanents afin de mieux refléter l'équilibre des puissances du XXIe siècle, diffuser systématiquement les débats du Conseil de sécurité pour accroître la transparence. Et si un jour les États-Unis rompaient avec l'ONU, il reviendrait à Genève de reprendre le flambeau, afin d'offrir une nouvelle demeure à la conscience universelle, pour que l'esprit de paix ne meure pas. De même, la lutte contre la prolifération nucléaire exige un effort renforcé : l'Agence internationale de l'énergie atomique doit redevenir le fer de lance d'une politique de non-prolifération multilatérale, mais il faudra sans doute créer d'autres agences pour superviser de nouvelles formes d'armements, comme les systèmes létaux automatisés – le visage militaire de l'IA –, qui menacent d'échapper à tout contrôle. Cela implique un traité équivalant au Traité sur la non-prolifération nucléaire afin de préserver un minimum de régulation. En parallèle, un nouveau traité de l'espace devrait rappeler et rendre applicables les principes de non-militarisation et de non-appropriation de l'espace exo-atmosphérique.

Ce vaste chantier ne saurait éluder la réforme des institutions de Bretton Woods et de l'OMC, clés de voûte de l'ordre économique, financier et commercial mondial. Pour redevenir crédible, le FMI doit être rééquilibré par une redistribution des quotes-parts au bénéfice de la Chine, de l'Inde et de l'Afrique, afin d'acter une géopolitique du développement plus juste. La Banque mondiale, quant à elle, pourrait devenir le lieu d'une véritable coopération entre les banques de développement chinoises, africaines, européennes, afin de construire des projets communs, durables, mutualisés. Son mandat pourrait s'élargir à la supervision des échanges mondiaux liés aux matières premières stratégiques, pour garantir plus de transparence, de sécurité et d'équité, notamment sur le cuivre et le nickel. L'OMC doit être remise sur les rails en contournant les blocages, notamment en pourvoyant les sièges laissés vacants au-delà d'un certain délai.

Si l'Europe néglige d'assumer ce rôle, elle laissera le champ libre à des logiques d'empire, plus brutales et moins scrupuleuses, qui finiront par imposer leur vision. Au contraire, en s'engageant pleinement, elle ancre sa souveraineté économique et son modèle social dans un multilatéralisme réinventé. Confrontée au dumping technologique, à la concurrence subventionnée et à l'extraterritorialité des sanctions, l'Union européenne a dû réagir : elle impose des droits compensateurs sur les véhicules électriques chinois, met en œuvre un mécanisme d'ajustement carbone aux frontières et plaide pour une économie plus résiliente. C'est la recherche d'une autonomie stratégique ouverte, entre coopération régulée et protection ciblée. Mais cette ligne de crête est étroite : ne pas céder à l'illibéralisme tout en refusant la naïveté commerciale. Le libre-échange sans règles est un mirage ; la fermeture brutale, un piège. Entre les deux, il y a un chemin de résistance : celui du juste échange, du respect mutuel, d'un multilatéralisme régénéré.

Ce monde n'est pas à inventer à partir de rien. Il est là, en friche. Il attend que nous osions penser, décider et bâtir. Non pas en rêvant l'unité là où règne la diversité, mais en assumant la complexité, en tissant les compromis, en acceptant les imperfections. C'est cela, l'ambition du politique au XXIe siècle : non pas dominer, mais relier et faire vivre la promesse.

La clé du Sud global

Toutefois, cette réhabilitation de la puissance ne saurait advenir sans un rapport renouvelé aux Suds. Au lendemain de la pandémie illibérale qui ronge l'âme des démocraties, un autre bouleversement se dessine, moins violent en apparence, mais tout aussi décisif : le réveil du Sud global. Longtemps relégué au rang de dépendance, cet ensemble hétérogène – Afrique, Amérique latine, Asie du Sud, Moyen-Orient – revendique désormais un rôle actif, une voix propre, un droit à définir son destin. Cette lame de fond ne se traduit pas par un bloc solide et cohérent : chaque région, chaque nation poursuit ses objectifs, traîne ses contradictions, porte ses blessures et nourrit ses ambitions. Pourtant, un même ressort anime ces multiples Suds : la volonté de ne plus subir la marche du monde, mais de la penser et de la façonner.

Dans cette quête d'émancipation, le choc principal se situe à l'intersection de deux grandes puissances, les États-Unis et la Chine, dont la rivalité structure la planète. Les uns, hier au nom de la liberté et de la démocratie, aujourd'hui au nom de la puissance, comme les autres, au nom d'un projet civilisationnel, brandissent leurs armes économiques, technologiques, culturelles, avec une vision différente. Tandis que le trumpisme brandit l'étendard d'une Amérique anglo-saxonne blanche, éprouvée par la mondialisation et menacée par le basculement démographique au bénéfice des minorités de couleur, la Chine parie sur une désoccidentalisation du monde appuyée sur la multipolarité. Pékin, face à un président américain qui fait peu de cas des institutions internationales, joue la carte de la préservation de l'ordre mondial tout en le redessinant à son avantage. Ainsi s'affirme, derrière les concepts d'ordre multilatéral, d'État de droit ou de droits humains, une tout autre philosophie qui privilégie les droits collectifs plutôt que les droits individuels, la lutte contre la pauvreté plutôt que la défense des libertés, davantage en phase avec la plupart des pays du Sud global. Pour l'Europe, prise en étau entre ces deux pôles, l'enjeu est immense : retrouver une voie propre, un horizon de fidélité à ses valeurs, mais aussi d'autonomie politique, économique et stratégique. Or cet horizon ne pourra s'ouvrir que si l'Europe accepte de regarder plus loin que ses frontières et de redécouvrir la portée d'une alliance avec le Sud global.

Les puissances émergentes ne sont plus des arrière-cours ni de simples terrains de confrontation indirecte. Elles disposent de leviers diplomatiques et économiques de plus en plus solides. L'Afrique, en particulier, affirme progressivement son pouvoir démographique, sa créativité entrepreneuriale, sa vitalité culturelle. L'Union africaine cherche à consolider ses alliances internes et à accueillir des partenaires qui respectent sa souveraineté. L'Amérique latine entend sortir du carcan d'une dépendance unilatérale. Elle ne veut plus rejouer éternellement la polarisation héritée du XXe siècle entre capitalisme débridé et expérience socialiste dévoyée. L'Asie du Sud-Est refuse d'être l'avant-poste d'une nouvelle guerre froide. L'ASEAN (Association des nations de l'Asie du Sud-Est) jongle entre intérêts commerciaux avec la Chine et nécessité de préserver son autonomie. Dans ce vaste ensemble de pays, la voix des jeunesses urbaines, la poussée des innovations locales, la demande de reconnaissance postcoloniale constituent une force géopolitique aussi décisive que les missiles ou les places financières. Partout, la conscience d'appartenir à un monde plus vaste, à des projets civilisationnels parfois millénaires aiguise l'exigence de respect. C'est avec tous ces acteurs que la diplomatie européenne peut prouver sa force de proposition, en offrant des coopérations justes, en misant sur la circulation équitable des savoirs et en respectant la souveraineté des États partenaires.

Si l'Europe veut rompre avec la logique de l'alignement sur Washington ou de la méfiance extrême envers Pékin, elle doit donc tisser des liens plus égalitaires avec le Sud global. Ce n'est pas un luxe moral, c'est une nécessité stratégique. Le continent européen, vieillissant, doit comprendre que l'avenir de la croissance mondiale, de la transition énergétique, de la stabilité climatique se joue en grande partie au sud de la Méditerranée, en Asie, en Amérique latine. Les crises migratoires et les pénuries de ressources ne trouveront de solutions pérennes que dans une coopération structurelle, respectueuse, portée par une nouvelle conception de l'universel moins verticale et plus partagée.

Cette alliance potentielle ne résultera pas d'un simple « plan Marshall » à l'ancienne, ni d'un paternalisme recyclé. Il faudra au contraire que l'Europe reconnaisse pleinement le droit de ces pays à inventer leurs propres chemins de modernité, à expérimenter des modèles de développement adaptés à leurs réalités démographiques, sociales et climatiques. Le Sud global n'est pas avide de leçons ou de missions civilisatrices : il exige la coproduction, l'ouverture de filières industrielles, l'accès aux technologies vertes, la circulation des savoirs. Et pour être crédible, l'Europe doit assumer un effort réel de mémoire et de réparation vis-à-vis des héritages coloniaux, ainsi qu'une justice économique qui ne se réduise pas à l'exportation d'un modèle néolibéral à bout de souffle.

Car l'alternative, pour l'Europe, serait l'insignifiance, voire la vassalisation. En s'enfermant dans la seule protection de son marché intérieur, dans la crainte de l'autre, dans l'illusion que sa prospérité se perpétuera sans changements majeurs, elle risque de passer à côté de la bascule du XXIe siècle.

L'Europe doit dépasser sa culpabilité postcoloniale stérile et prouver par l'action qu'elle peut être un partenaire fiable, ouvert, respectueux. Elle peut contribuer à des initiatives ambitieuses : un New Deal écologique pour l'Afrique, une régulation mondiale du numérique qui associe les pays émergents, un programme commun de lutte contre les pandémies, une refonte du système financier international – autant de défis qui ne sauraient être résolus par les seuls États-Unis et la Chine. En se rangeant systématiquement derrière Washington ou en redoutant toute relation plus étroite avec Pékin, elle laisse un vide que d'autres sont prêts à combler, souvent selon leurs propres termes et sans se référer aux valeurs européennes.

Les enjeux ne sont donc pas seulement économiques ou géostratégiques : ils sont aussi culturels et symboliques. Dans de nombreux pays du Sud, le ressentiment envers l'Occident demeure vif, nourri par des siècles de soumission, des décennies de promesses non tenues. Signe paradoxal : la jeunesse de ces pays admire souvent la culture européenne ou américaine, mais rejette l'hypocrisie des discours officiels. Pour que le dialogue porte, il faut de la sincérité, une reconnaissance mutuelle qui se reflète dans des politiques migratoires moins arbitraires, une politique de visas mieux calibrée, une diplomatie qui parle moins d'injonctions et plus de partenariats concrets.

C'est là qu'un geste d'ampleur est attendu : reconnaître la pluralité des modèles, cesser de prétendre à un monopole de l'universel, mais s'engager pleinement dans la défense des biens communs – climat, biodiversité, santé, éducation, droits fondamentaux.

Ainsi, l'enjeu du Sud global devient un enjeu d'équilibre du monde. Ni les États-Unis ni la Chine ne peuvent imposer seuls leur vision sans provoquer de fortes résistances. L'Europe, si elle retrouve le sens d'un engagement clair et inventif, peut contribuer à stabiliser cette multipolarité naissante en faisant dialoguer les aspirations du Sud et ses propres exigences de responsabilité internationale. Pour sortir du face-à-face stérile entre superpuissances, il faut que la diplomatie, la culture, la science et l'économie soient réinvesties dans un esprit de coproduction mondiale. Car si le virus illibéral menace la vitalité démocratique de nos sociétés, le Sud global, lui, nous met en demeure de repenser nos relations de pouvoir, de propriété, de transmission. Au fond, la réponse aux populismes et l'affirmation d'un nouvel universalisme se rejoignent dans la reconnaissance du droit de chacun – individus et peuples – à exister dignement, à exprimer sa voix et à contribuer à l'avenir commun. L'Europe a tout intérêt à se saisir de cette opportunité.

Le pouvoir de dire non prend ici tout son sens. Le Sud global dit non à la sujétion, l'Europe peut dire non à l'alignement. Ensemble, ils peuvent dessiner une voie qui échappe à la seule polarité sino-américaine sans nier la réalité de ces deux géants. C'est sans doute là la grande tâche du XXIe siècle :

apprendre à naviguer dans un univers hétérogène où nul ne peut plus s'improviser maître, et où chacun doit faire place à l'autre.

Le refus de la logique de l'ennemi

L'Europe doit dire non à la logique de l'ennemi. L'un des plus grands dangers qui guettent les démocraties lorsqu'elles sont soumises à la pression des crises, qu'elles soient géopolitiques, sociales ou écologiques, c'est la tentation de bâtir des catégories closes et définitives, de confondre la menace avec ceux qui la portent. Cette mécanique de l'essentialisation transforme l'autre en ennemi. Non plus un individu, un peuple ou une histoire, mais un bloc perçu comme uniforme et hostile, sans nuance ni profondeur. Dans ce mouvement de crispation, les réflexes identitaires s'aiguisent, la suspicion s'installe, nourrissant un récit de rejet d'autant plus dangereux qu'il semble répondre aux angoisses du moment. Or cette dérive se fond dans un phénomène sournois : l'occidentalisme, cette illusion par laquelle l'Occident, enivré par une hégémonie post-guerre froide, se fige dans un récit d'exception et de vertu, ignorant ses responsabilités et nourrissant de nouveaux conflits. Deux tragédies se rejoignent alors, comme les deux faces d'une même médaille : côté face, l'assignation de l'autre à une identité fermée, qui justifie toutes les peurs d'une forteresse assiégée ; côté pile, une posture occidentale aveuglée par son propre sentiment de supériorité.

Ensemble, elles forment une fabrique de l'ennemi redoutable, où la peur alimente la volonté de domination et où la volonté de domination renforce la peur. Refuser ce piège, c'est renouer avec la capacité de dire non : non à l'amalgame, non à la démesure, non au récit simplificateur qui confond des gouvernements et des peuples, des idéologies et des identités, des erreurs historiques et des civilisations entières. Dans un monde saturé d'images et de bruit, l'amalgame prospère. L'effroi face aux crises se traduit trop souvent par un raccourci mental : l'ennemi imaginaire devient un bouc émissaire commode. Ainsi, dans le sillage du 11 septembre 2001, l'islamisme radical a fini par se confondre, pour certains, avec l'islam dans son ensemble. La peur s'est abattue sur des communautés entières soupçonnées par principe. L'Afghan, l'Irakien, le Syrien sont devenus des suspects par défaut. Parallèlement, les valeurs de dialogue, d'ouverture, de tolérance, chères aux démocraties, ont été fragilisées par la militarisation des réponses et une méfiance généralisée. La conséquence de cette spirale est une perte de discernement, une montée de la violence verbale et, trop souvent, sa banalisation physique. Car réduire un groupe humain à une identité figée, c'est lui dénier toute humanité, toute capacité de nuance et d'évolution. C'est, de fait, ouvrir la voie à l'exclusion, voire à la répression. Ainsi se fabrique l'ennemi : par le renoncement à la complexité au profit d'une simplification radicale, où le mal serait d'un côté, le bien de l'autre.

Ce réflexe est universel mais il prend une tonalité particulière en Occident, où il se nourrit depuis deux siècles d'inquiétude sur la perte d'influence, de hantise de l'autre, de peur de sa propre fragilité. L'occidentalisme n'est pas seulement brutal, il est aveugle et souvent vaniteux. Les attentats du 11 septembre 2001 ont révélé la fragilité d'un sentiment de toute-puissance hérité de 1989, déclenchant une réponse guerrière justifiée par la défense de la liberté et de la civilisation. Une mécanique d'autopersuasion s'est alors mise en place : l'Occident s'est proclamé garant d'un ordre mondial à préserver par tous les moyens. Le colonialisme, malgré ses tragédies, a été réhabilité sous couvert de mission civilisatrice. Le capitalisme, malgré ses crises successives, a continué à se présenter comme la seule voie possible vers la prospérité, même au prix de désastres écologiques et d'inégalités croissantes. Face à la montée de nouvelles puissances – Chine, Inde, blocs régionaux –, l'Occident a cru devoir renforcer encore son hégémonie, au risque d'exacerber les tensions mondiales. C'est l'Ouroboros, le serpent mythique qui se mord la queue : en voulant se protéger à tout prix, l'Occident alimente les conflits qui le fragilisent, il s'affaiblit. Il se dévore lui-même, faisant reculer ses propres principes de liberté et de justice, tout en nourrissant le ressentiment de ceux qu'il prétend dominer. Le point d'aboutissement, c'est alors le « deux poids, deux mesures », cette impression des peuples du monde entier que l'Occident, foncièrement hypocrite, ne s'applique jamais, ni à lui-même ni à ceux qu'il choisit d'adouber, les leçons qu'il donne aux autres.

La rencontre de l'essentialisation et de l'occidentalisme produit alors un double déni : déni de l'autre, réduit à un stéréotype menaçant, et déni de soi, par refus d'affronter ses contradictions et ses responsabilités. L'Occident, pour justifier son rôle de gendarme, caricature l'ennemi et sanctifie son modèle. Il occulte les désastres dont il fut l'acteur : guerres mondiales, impérialismes, exploitation coloniale, destructions environnementales. Ce déni empêche toute autocritique. Ne pas reconnaître la portée du colonialisme, c'est entretenir un sentiment de supériorité morale qui rend sourd aux revendications des peuples opprimés. Ne pas remettre en cause le capitalisme dérégulé, c'est risquer de répéter les mêmes crises. Ne pas admettre la pluralité des modèles, c'est se condamner à l'affrontement permanent et à l'isolement. Dès lors naît la peur : peur du déclassement, peur de la concurrence, peur d'une puissance qui s'efface. Et cette peur relance l'essentialisation, comme si l'histoire du monde conspirait à la chute de l'Occident. Plus l'Occident se crispe sur son exceptionnalisme, plus il suscite des résistances et plus il renforce le risque de conflit.

Rompre ce cycle suppose un acte de volonté : refuser la fabrique de l'ennemi, refuser de réduire l'autre à un cliché menaçant. C'est aussi assumer que la menace, si grave soit-elle, ne se confond pas avec ceux qui en sont porteurs. Les peuples ne sont pas leurs gouvernements, les cultures ne sont pas figées. Refuser l'occidentalisme, c'est porter un regard lucide sur l'héritage colonial, sur l'obsession du profit, sur les injustices persistantes, sur la destruction de l'environnement. C'est reconnaître que l'Occident n'a pas le monopole de la modernité ni de la civilisation et qu'il doit faire sa part d'effort pour rééquilibrer les relations internationales, en cessant de prétendre imposer à tous son modèle.

Ce double refus est crucial : il ouvre la voie à l'humilité et au dialogue. L'humilité, pour reconnaître que l'autre est pluriel, traversé de voix et d'aspirations. Le dialogue, pour comprendre qu'une puissance repliée sur l'unilatéralisme affaiblit sa propre influence. La diplomatie est la clé de ce refus. Parler avec tous, sans confondre reconnaissance d'un État et adhésion à son régime, est la meilleure voie pour conjurer la fabrique de l'ennemi. Et, dans cet esprit de mesure, l'Europe peut redevenir un lieu de passerelles culturelles, universitaires, sportives, tissant des liens qui désamorcent la peur. Il n'y a pas de meilleure arme contre l'essentialisation que la connaissance de l'autre, de ses arts, de sa langue, de ses modes de vie. Il n'y a pas de plus puissant antidote contre l'occidentalisme que la conscience des humanismes multiples qui ont nourri la France et l'Europe : la philosophie arabe, la médecine grecque, la poésie perse, les sagesses africaines et asiatiques. L'esprit de mesure, opposé à l'esprit de guerre, n'est pas de la faiblesse : c'est une force de paix, un rempart contre le cycle infini de la vengeance et de la peur.

Pour un nouvel universalisme européen

De cette puissance retrouvée, de cette clé du Sud global, de ce refus de la logique de l'ennemi se dégage un horizon plus vaste : celui d'un nouvel universalisme européen. Nous savons ce que fut l'universalisme impérial, trop souvent confondu avec la domination coloniale et la prétention à imposer une « civilisation » unique. L'heure, désormais, est à un internationalisme lucide. Le pouvoir de dire non, loin de nous enfermer, nous ouvre aux autres : un non ferme aux impérialismes agressifs, un non résolu à l'alignement sans débat, un non à la fabrique de l'ennemi, source de violence et de repli. En assumant cet élan, nous renouons avec la tradition diplomatique qui a forgé la France et l'Europe : la parole qui prime sur la force, la pensée critique alliée à l'ouverture, l'idéal de liberté et de justice comme boussole.

Au fond, c'est une fidélité à ce que l'Europe est intimement : une histoire bâtie sur les dialogues, les mélanges, les compromis, une longue marche vers la reconnaissance des diversités et la construction d'un ordre commun. En choisissant la voie de la coopération, en relevant le défi d'un nouvel universalisme, l'Europe peut donner un sens à la mondialisation, peser sur l'histoire et assumer, enfin, son destin de puissance responsable. Ainsi, les Européens scellent une promesse : inventer, pour le XXIe siècle, la puissance de la coopération, du respect et de la responsabilité partagée, au nom de son ambition : prendre pleinement sa place au cœur du monde, servir de pont entre Nord et Sud, réaffirmer l'universalité de la mesure contre la brutalité des empires. En embrassant l'action, elle prouve sa fidélité à l'humanisme.

Notre monde en crise n'a pas besoin de nouvelles divisions, il a besoin de passerelles. Face à l'esprit de guerre, l'esprit de mesure. Face à l'obsession du conflit, l'obsession du dialogue. Face au vertige de la surpuissance, la sagesse de la modération. Cela signifie retrouver la vraie signification du mot « politique » : l'art de faire vivre ensemble des êtres différents, de conjurer la violence par la parole, de résoudre les conflits par le compromis. Dans cette perspective, la diplomatie française a un rôle singulier à jouer. Fidèle à une certaine idée d'indépendance et d'universalité, elle peut servir de trait d'union entre des mondes qui s'ignorent ou se déchirent. Parler avec tous, sans confondre reconnaissance et adhésion, rester ferme sur les principes tout en s'ouvrant à la complexité des chemins.

Face à la pression des nouveaux empires, la première urgence est de parler. C'est même de retrouver la parole perdue – dans tous les sens de cette expression – de nos pays dans le monde, car c'est leur identité, leur singularité et leur message. La voix de la

France s'est enrouée au cours des deux dernières décennies. Ses dirigeants parlent de façon si confuse, éphémère, contradictoire – parfois même paresseuse – qu'ils ne franchissent plus le mur du son. Bien peu nous écoutent encore ressasser, entre nous, nos amertumes et nos anciennes grandeurs, lassés de nous voir dérouler une diplomatie d'habitude, ponctuée de temps à autre de coups de menton. Quels sont les engagements clairs et suivis ? Au Sahel ? Au Proche et Moyen-Orient ? En Ukraine ? Seule la diplomatie climatique, depuis les Accords de Paris, a su maintenir une ligne constante et entreprenante.

La France ne retrouvera sa place que lorsqu'elle assumera sa vocation : être une puissance d'équilibre et d'initiative dans toutes les enceintes multilatérales comme dans toutes les zones de crise du monde, autour de trois principes. Premièrement, une diplomatie collective. La France doit retrouver des points d'appui solides pour reconstruire des majorités durables. Deuxièmement, une diplomatie d'initiative. Il ne s'agit pas de se retirer pour concentrer nos forces, mais au contraire d'avancer partout nos propositions fondées sur les principes de la solidarité des peuples, de la souveraineté des États-nations et de la responsabilité mondiale. Une idée rejetée aujourd'hui peut devenir une victoire demain. Troisièmement, une diplomatie accordant la priorité à la paix. La guerre doit être un ultime recours et pas un outil d'influence. On ne peut être un faiseur de paix crédible quand on ne cesse de vouloir y recourir.

Nos sociétés, malgré la fatigue et la confusion, recèlent des forces inouïes : le désir d'apprendre, de créer, de renouer avec la solidarité, de préserver le vivant. Ce sont ces forces qu'il faut encourager, protéger, libérer. Elles sont la meilleure réponse à l'essentialisation et à l'occidentalisme. Exercer notre pouvoir de dire non, c'est aujourd'hui affirmer la volonté de ne plus subir l'histoire et de faire un choix, pour nous, existentiel : celui de l'altérité, de l'humanisme et de l'universalisme, autant de valeurs constitutives de notre identité. Ni la France ni l'Europe ne sauraient s'épanouir ou être elles-mêmes sans partager leur destin avec l'humanité tout entière. C'est ainsi qu'elles resteront fidèles à leur génie, un universalisme mesuré, lucide, capable de s'émouvoir des souffrances du monde et de se tourner résolument vers l'action pour y porter remède. Mais pour cela, encore faut-il parvenir à s'extirper du malaise français, qui est le pendant, le miroir du malheur du monde.

Partie II

RESTAURER LA RÉPUBLIQUE

La France est à l'arrêt. Pire, elle est captive d'une boucle sans fin qui à chaque tour produit davantage de brutalisation, davantage de polarisation, davantage d'accélération. Une boucle infernale qui nous conduit à reproduire sans cesse les mêmes erreurs, les mêmes échecs, à faire du surplace tout en nous agitant. C'est depuis vingt ans le jour sans fin du film avec Bill Murray où tout semble se répéter à l'identique, sans aucune échappatoire.

Étrange époque que nous avons vécue depuis la fin de la présidence de Jacques Chirac, comme orphelins d'une espérance républicaine, suspendus, comme dans un « interrègne ». Depuis lors, nous n'avons connu qu'une succession de quinquennats plus ou moins avortés, construits sur le clivage ou le mensonge. Autant d'« effractions » politiques laissant un arrière-goût amer d'usurpation, d'improvisation et d'amateurisme. Des candidats naturels soudainement balayés des primaires partisanes réduites à des jeux de quilles, des présidents renonçant même à briguer un second mandat. Des élus par défaut, parce que la seule réalité politique tangible était la menace d'un pouvoir d'extrême droite. Chaque fois le hasard s'est imposé comme le véritable grand électeur. Moins des alternances que des zappings. J'ai connu les six derniers présidents. Chez Nicolas Sarkozy, chez François Hollande, chez Emmanuel Macron jamais je n'ai retrouvé cette pâte commune qui, par-delà leurs différences, sautait aux yeux chez Valéry Giscard d'Estaing, François Mitterrand et Jacques Chirac : ce respect presque sacré pour ce que signifie profondément la France. Aucun d'entre eux n'a pu échapper à cette impression persistante qu'ils « jouaient » au président, chacun à sa manière, voire qu'ils « jouaient » avec la France. Comme si la réalité avait été dissoute dans l'image.

Presque vingt ans de revanches, de coteries, de cours éphémères de rois agités où une communication de plus en plus creuse a recyclé les « Grenelle », les « conventions », les « cahiers de doléances », faisant mine de solliciter l'avis des Français sans jamais les écouter ; où la force est devenue l'ersatz de l'autorité, en envoyant à sa place des forces de l'ordre lourdement équipées faire le sale boulot, en projetant à travers le monde nos forces armées, mais sans répondre présent pour transformer les succès opérationnels en réussites politiques. Presque vingt ans d'un lâche soulagement bourgeois, sûr de sa moralité, de son bon droit et de son savoir, une classe dominante et étouffante telle que nous n'en avons pas connue depuis la Monarchie de Juillet. Presque vingt ans de colères populaires, éruptives, incontrôlées, incomprises, méprisées, réprimées. Sur les ronds-points, dans les banlieues, au travail.

Presque vingt ans se sont écoulés et nous avons face à nous les mêmes débats, les mêmes problèmes sans solution : vingt ans de réformes des retraites toujours inabouties et rejetées ; vingt ans de lois antiterroristes toujours plus exorbitantes du droit commun, créant les conditions idéales pour un pouvoir contre-républicain, si un jour il devait s'imposer ; vingt ans de lois sur l'immigration qui ne changent rien sur le fond ; vingt ans de réformes de l'éducation toujours déchirées entre les « pédagogues » et les « autoritaires » ; vingt ans de dégradation de l'hôpital. Le pays fatigue, s'énerve et désespère. Ce temps, je l'ai vécu pour ainsi dire de l'extérieur. Cette France, je l'ai vue depuis un exil imposé. À la faveur de la maladie du président Chirac, Nicolas Sarkozy avait pris son élan au prix de trop de guerres intestines, portant imprudemment le clivage et le Kärcher là où il allait. Disposé à peser de tout son poids sur le jeu politique, misant sur la faiblesse des médias, neutralisant ses rivaux potentiels, il a cru pouvoir seul changer la République. Au service de son ambition, il a laissé libre cours à son désir brut, presque sauvage, s'appuyant sur un récit d'emprunt qu'il n'est jamais parvenu véritablement à incarner. Dès lors, de la conquête à l'exercice du pouvoir, il est demeuré prisonnier de son personnage. C'est la malédiction du pouvoir venu trop tôt, qui interdit le plein épanouissement des talents.

Pendant deux décennies, je n'ai cessé d'alerter sur ce qui me paraissait une trahison de notre histoire, de notre mémoire et de notre intérêt. Non à l'intervention américaine en Irak, mais aussi à l'opération malavisée en Libye et à l'engrenage militaire au Sahel, en l'absence de toute solution politique. J'ai dit non au reniement républicain que signifiait le lepénisme en 2002, mais aussi au discours de Grenoble de Nicolas Sarkozy sur l'identité nationale, ainsi qu'à la déchéance de nationalité voulue par François Hollande. Je sais, aujourd'hui comme hier, prenant à nouveau la parole, que je m'expose encore aux attaques. Mais j'ai la conviction de ne pas avoir le droit de me taire. On m'a dit que je prêchais dans le désert. Mais que faut-il donc faire dans un désert ? S'y taire ? Je dois croire un peu, à mon insu, aux danses de la pluie, aux rites chamaniques qui, par la parole, peuvent le faire reverdir.

Jacques Chirac a été le dernier président de tous les Français. J'ai eu l'honneur d'être son dernier Premier ministre. C'est l'homme qui m'a tout appris et au service de qui j'ai mis toute mon énergie, depuis le début de ma carrière au service de l'État et de la France. Je connais ma dette à son égard. C'est l'homme qui a fondé, incarné et porté le gaullisme d'après la guerre froide, revivifiant dans un nouveau monde le message du général de Gaulle qui courait le risque de la sclérose et de l'anachronisme. La politique arabe de la France. La politique africaine de la France. Le souci de la justice globale face au Sud, qu'on n'appelait pas encore « global ». La diplomatie d'une France qui parle à tout le monde, cherche à peser et s'engage pour régler des conflits : il a incarné un souci constant du rassemblement, de la lucidité face à l'Histoire, du souci des plus faibles, de l'angoisse de réduire les fractures sociales. Il a incarné aussi un souci de la prudence, héritée d'un esprit rad-soc fermement enraciné, qui sait que la France se défait plus vite qu'elle ne se construit. C'était un sage républicain.

Que s'est-il passé ensuite ? Comment expliquer cette suspension de l'Histoire ? Je crois qu'il s'agit d'abord d'un déni du changement. Car, dans ses souterrains, la France change, peut-être plus vite que jamais auparavant, au risque du vertige. La boucle infinie dans laquelle elle est enfermée n'est pas un accident, elle est un choix, elle est l'instrument d'un aveuglement volontaire. Nous avons accepté ce cycle infernal opposant identité contre identité, exclusion contre exclusion.

D'un côté, l'islamisme et le terrorisme islamiste sont un défi politique majeur pour notre pays. Les réseaux d'instrumentalisation politique de l'islam, nourris en partie par les influences étrangères, en partie par les frustrations sociales intérieures, se sont installés dans le pays, il serait absurde de le nier. Comme toujours et comme partout, ils ciblent la jeunesse, ils maîtrisent les réseaux sociaux, ils offrent des services, des solidarités, des sentiments d'appartenance d'autant plus désirables que la République en devient plus avare. L'islamisme n'est pas plus unitaire que ne l'étaient les chapelles anarchistes de la fin du XIXe siècle. Mille variantes, des plus fondamentalistes et hostiles au vivre-ensemble républicain, prônant le sectarisme et la réclusion, jusqu'aux courants modernistes qui souhaitent articuler une inspiration religieuse dans le creuset républicain comme avant eux les protestants ou les démocrates-chrétiens du catholicisme. Mais c'est une machine à autoradicalisation, qui tend à écraser les plus modérés au profit des plus radicaux, à creuser les fossés et à brûler les passerelles avec une société perçue comme essentiellement hostile.

L'antisémitisme s'enracine à nouveau. La vague terroriste depuis le 11 septembre 2001 a tout changé. La France a été déchirée par le cycle d'attentats à partir de 2012, de l'école Ozar Hatorah au Bataclan et à Nice. Le terrorisme islamiste, c'est terrible à dire, a gagné son pari. Il a couvert le pays de peur, de haine et de rejet. Il nous a mis collectivement face à l'impensable. Comment expliquer que tant de jeunes gens aient pu se laisser hypnotiser par d'odieuses vidéos de décapitations ? On pourrait croire que ces milliers de jeunes hommes et jeunes femmes partis pour l'Irak et la Syrie après 2012 étaient les Brigades internationales parties pour la guerre d'Espagne de leur génération – mais les procès, les enquêtes nous éclairent sur des profils bien différents, en rupture sociale, tentés avant tout par la violence, engagés dans des parcours délinquants, ne cherchant pas dans la religion une spiritualité mais un dogme pour leur ressentiment.

De l'autre côté de la boucle, phénomène en apparence inverse mais en réalité continu, la crispation identitaire, sécuritaire, autoritaire et occidentaliste demande toujours plus de force. C'est la logique du « Eux » contre « Nous » qui pousse à sans cesse restreindre et durcir la définition de ce « Nous » et, au passage, à considérer tout l'édifice républicain comme un obstacle sur le chemin de la solution par la force. Au nom de la République, on finit par nier ses fondements, par renouer avec les réflexes les plus rances. Là aussi, ne nous faisons aucune illusion, la tentation de la violence, et y compris du terrorisme, existe. Elle s'intensifie ces dernières années, d'Oslo à Christchurch, en Nouvelle-Zélande. Dans de grandes villes françaises, des groupuscules violents d'extrême droite défilent en masse dans les rues, au pas de l'oie, au cri de « Ni synagogues, ni mosquées ». On se bat sur les mots, cherchant à imposer l'idée d'un « racisme anti-Blancs », tant le statut de victime est devenu la légitimation ultime dans la société du spectacle, et on interdit le mot d'« islamophobie », niant au passage la réalité pourtant assez évidente de l'existence dans une certaine frange de la société d'un rejet haineux de l'islam.

Chacun nourrit les fantasmes de l'autre. Chacun minore la violence de son propre camp et la justifie par celle des autres. La mécanique est implacable, par le jeu de l'aimantation et de la polarisation, les acteurs modérés finissent non seulement par être attirés par la radicalité mais par justifier, à travers la surenchère, la dérive violente des plus extrémistes. Plutôt que de stigmatiser des personnes ou des groupes, il faut prendre conscience de la dimension systémique du phénomène. Ce sont des processus pervers qui sont à l'œuvre, de part et d'autre. Chacun, où qu'il soit sur le spectre politique, doit mesurer le danger et sa part de responsabilité. L'islam politique se redessine en refuge de ceux qui sont exclus de la société pour leur foi, leur apparence, leur origine ou leur lieu de résidence. Il propose des anti-Républiques à l'échelle d'un quartier, conçues comme des forteresses minoritaires. Il noue des alliances parfois brinquebalantes. Au nom d'un décolonialisme parfois bien systématique, on souffle aussi sur les braises de la culpabilité coloniale pour jeter l'opprobre sur toute la République, considérée là aussi comme un obstacle. Certains mènent la guerre culturelle contre l'oppression sans se rendre compte qu'ils pactisent parfois ainsi avec d'autres formes de domination. De l'autre côté, l'héritage colonial finit par devenir une fierté absurde, un étendard de croisés niant la réalité des crimes historiques et trahissant à leur manière aussi la République pour se constituer en contre-République, blanche, dominatrice, exclusive.

J'ai appelé cette boucle dans laquelle nous sommes enfermés le ruban de la haine, où l'on peut s'interroger sans fin sur la poule ou l'œuf, quand c'est la mécanique qui compte. L'un engendre sans cesse l'autre, créant un mouvement permanent, mais sans aucun déplacement. Nous sommes prisonniers de la boucle infinie de la brutalisation. Cette deuxième partie veut, dans un premier temps, mettre à plat l'autre face de ce ruban pour le donner à voir dans son extrême simplicité : une barbarisation de la société, « barbares » contre « barbares ». Elle veut également conduire à la prise de conscience que les causes de cette boucle lui sont extérieures, elles sont dans le renoncement à l'État et à la nation face aux peurs des grands changements, des grands seuils qui sont devant nous. Elle veut enfin convaincre que nous pouvons nous donner les moyens d'échapper à cette répétition en restaurant les forces républicaines capables de fournir ordre et justice pour tous, par le labeur quotidien, minutieux et pénible du gouvernement et de la réforme.

Cela dessine, je crois, la plus haute ambition pour notre temps : rétablir la République, lui rendre sa grandeur, sa générosité et sa fermeté. Au « non » de l'inacceptable doit succéder un « oui » de la réparation.

I

En attendant les barbares

La barbarie est là. Elle n'est pas aux marges, mais au cœur de nos sociétés. Elle se propage, comme une moisissure, dans la civilisation commune bâtie au cours des derniers siècles, rogne l'espace public, gangrène le travail et l'interface médiatique. Ses noms sont multiples : Solitude. Peur. Méfiance. Dépit. Ressentiment. Impuissance. Mais aussi Performance. Supériorité. Compétition. Préférence. Les barbares ne sont pas autour de nous. Ils sont parmi nous. Ils sont en chacun de nous, comme une petite voix appelant au renoncement, à l'abdication. On entend comme un écho étrange du Sermon LXXXI de saint Augustin, regardant depuis Hippone, sur la côte nord de l'Afrique, l'actuelle Annaba, les ravages du sac de Rome, prise par les Wisigoths d'Alaric Ier, en 410. « Qu'est-ce en effet que Rome, sinon les Romains ? » Si les barbares ont pu s'emparer de Rome, c'est que les Romains se sont reniés et les ont laissés faire. « Qu'est-ce en effet que Rome, sinon les

Romains ? » Il ne sert à rien de pleurer pour des pierres et de désespérer : ce que des Romains ont pu construire, des Romains pourront le reconstruire.

Si l'on veut comprendre pleinement le grand passage historique dans lequel nous nous trouvons engagés et dont la nouvelle équation impériale est la forme, il faut savoir regarder le problème de deux points de vue à la fois. Il faut, comme nous venons de le faire, regarder la logique impériale s'imposer de l'extérieur, depuis les limites planétaires, mais il faut aussi scruter le monde depuis l'intérieur de nos États fatigués, de nos civilisations exsangues, de nos citoyennetés standardisées. Car les Républiques meurent toujours avant que les Empires ne prennent possession de leurs cadavres.

Le masque de l'abondance

La pénurie engendre les empires, mais c'est l'abondance qui a défait notre civilité. Pendant plus d'un demi-siècle, en Europe et aux États-Unis, l'abondance a été la règle. Elle a rendu invisibles tous les grands conflits auxquels sont confrontées les sociétés humaines.

Le conflit entre les classes sociales a été esquivé par la redistribution. La solidarité collective a permis de relégitimer l'État, de ressouder la nation et de concrétiser la République. Ce faisant, on laissait presque intactes les dynamiques qui constituent ces classes antagonistes et les rendent incapables de se comprendre et de se parler. L'héritage, la propriété, la reproduction sociale par les grandes écoles sont demeurés en place. Un double système d'éducation, un double système de santé, un double circuit de justice suivant les moyens qu'on avait de payer des avocats, mais en toute discrétion, devaient maintenir la paix sociale. Dès le choc pétrolier de 1973, le compromis historique a commencé à vaciller, on a vu revenir les tensions sociales. La mondialisation des échanges, commodément, a permis de continuer à nourrir la paix sociale, un temps du moins, en faisant baisser les prix pour les consommateurs, même si l'espace de la prospérité partagée se rétrécissait, rogné année après année par les friches industrielles laissées par les délocalisations. Aujourd'hui, ce moteur-là s'est éteint à son tour et les tensions sociales ne cessent de reprendre de l'ampleur, avec la crise des Gilets jaunes, avec les mouvements sociaux contre les retraites ou avec les émeutes urbaines, qui ne sont en réalité que trois visages d'une même révolte, dirigée confusément contre une même classe de possédants, anciens et modernes, de gauche comme de droite, se croyant opposés les uns aux autres mais partageant en réalité les mêmes écoles, les mêmes centres-villes de métropoles et les mêmes moyens financiers. Se dessine alors la lente reconquête, brutale parfois, du champ social par une conflictualité que l'on croyait anesthésiée. Tout porte à croire que l'affrontement sera de plus en plus binaire, déchirant à nouveau la société entre peuple et élites, travailleurs et possédants, néo-manants et « technoblesse ».

Le conflit entre les générations a été évité, lui aussi, grâce à l'ascension sociale. Chaque nouvelle génération était portée par la vague de la croissance vers davantage de prospérité et de confort, matérialisé par l'urbanisme triomphant des Trente Glorieuses. On sait à quel point cette mécanique s'est grippée depuis les années 1990. Aujourd'hui, la plupart des parents sont convaincus que leurs enfants auront une vie plus difficile que la leur. Le spectre de la pénurie à venir, c'est aussi une inégalité sans précédent entre générations. Les modes musicales, les soupapes du divertissement et des écrans, les manifestations étudiantes rituelles ont servi, depuis la grande éruption de 1968, de diversion ou de canalisation des énergies impétueuses, pour assurer la stabilité sociale. Mais ces exutoires festifs ne suffisent plus à endiguer le désenchantement radical qui gagne désormais la jeunesse. Dans la grande sécheresse d'avenir qui a commencé, ce seront des barrières bien précaires contre les « barbares de l'intérieur » qui viendront réclamer leur dû auprès de générations qui leur auront transmis des dettes, des paysages vides de toute vie et des villes tentaculaires. Prisonnière d'une course au diplôme, cette jeunesse fait, à l'entrée de la vie active, l'expérience douloureuse de la lutte pour les places et du déclassement. Il serait temps de cesser de traiter « les jeunes » comme une espèce exotique et attachante que l'on s'efforcerait de mieux comprendre à l'âge où l'on n'a plus vraiment le loisir de les écouter, et de cesser de croire qu'en choisissant de jeunes-vieux comme candidats on aurait suffisamment répondu à leurs attentes. Il serait temps de les reconnaître enfin pour ce qu'ils sont : une part intégrante de la société, en première ligne face aux changements à venir.

Le conflit entre les territoires a lui aussi été escamoté par l'abondance. C'était l'âge d'or de l'aménagement du territoire qui permettait sans cesse d'ajouter de nouveaux équipements, d'autant que la population croissait comme jamais et que les capitaux demeuraient disponibles. L'État a fait un excellent travail de pilote, de planificateur et d'organisateur. Mais il a eu moins de succès face au déménagement du territoire qui a suivi, à partir des années 1980, avec la désindustrialisation, la transformation de l'agriculture qui vidait les campagnes au profit d'exploitations toujours plus grandes, plus mécanisées et plus productives. Les espoirs nés de la décentralisation ont été déçus. L'État a délégué les compétences aux territoires, mais pas les moyens de les exercer. Pire, dans l'enchevêtrement des strates du mille-feuille, tout le monde s'occupe de tout et personne ne pilote plus rien. Le résultat de ces décennies en mode autopilote des forces du marché, sur fond de freinage démographique, a été la concentration territoriale croissante qui rend malheureux à la fois dans les métropoles et dans les petites villes et zones rurales. Dans les métropoles prévaut une ségrégation croissante sur des espaces de plus en plus restreints, entre quartiers riches et quartiers populaires, avec des fronts de gentrification qui semblent mener une étrange guérilla pour conquérir des territoires déshérités. Les loyers augmentent, chassant les familles et les travailleurs indispensables vers des périphéries lointaines où ils se sentent relégués. En une génération, les prix du logement ont triplé en Île-de-France. La file d'attente pour les logements sociaux ne cesse de s'allonger. La pénurie frappe sans distinction les jeunes, les familles, les salariés, pour qui l'accès à la propriété devient un rêve qui s'éloigne. Les nouveaux modes de vie – divorces en hausse, gardes alternées, vieillissement de la population – conduisent à des besoins en logement qui croissent beaucoup plus vite que la population, dans des territoires eux-mêmes figés, et que l'on sait devoir contenir à l'avenir – zéro artificialisation nette d'ici 2050 – pour préserver les écosystèmes comme les meilleures terres arables.

Côté rural, le malheur est plus évident encore. Quand le bureau de poste, puis l'école, puis le boulanger quittent le village, il ne reste plus que la désolation. La désertification des services publics et de l'accès à la santé y sont des questions d'autant plus douloureuses que la part de la population ayant besoin de ces services y est plus importante qu'ailleurs. À cela s'ajoute l'impression, particulièrement forte dans les territoires du monde agricole, d'une dépendance organisée à la solidarité nationale qui heurte une culture farouche d'indépendance. Dans les petites villes, les principaux employeurs sont presque systématiquement l'État et les grandes surfaces ; la consommation sans la production. Le sentiment d'abandon est d'autant plus amer qu'il est souvent intériorisé avec résignation. Il faut regarder en face ce que vivent les espaces ruraux pour une simple raison : ceux qu'on veut croire parfois les vestiges du passé sont en réalité le laboratoire de l'avenir.

Le grand déracinement

Nous avons fait le choix silencieux, au cours du dernier siècle, du grand déracinement. La France s'est plongée dans un déracinement démographique. Elle s'est engagée dans une grève des berceaux qu'on peut interpréter de bien des façons, peur de l'avenir, rejet d'un monde injuste, refus des responsabilités, préférence pour l'épanouissement individuel, mais qui a la même conséquence : la France se normalise par rapport à ses voisins européens et les rejoint désormais sous le seuil de renouvellement des générations. La population est condamnée à décroître régulièrement, chaque génération plus étroite faisant moins d'enfants que la précédente. L'obsession pour l'immigration – hélas si peu pour l'intégration – révèle profondément cette peur démographique. Si la proportion d'immigrés augmente dans la population, dans une proportion par ailleurs similaire à celle du début du XXe siècle comme des Trente Glorieuses – deux ou trois points de pourcentage supplémentaires –, c'est que la base de comparaison de la population française croît moins vite et, bientôt, cessera tout à fait de croître. L'enjeu démographique n'est donc pas tant la croissance à tout prix que la capacité à inventer un nouvel équilibre durable. Il faut mener un débat rationnel sur le niveau de population globale souhaitable et pas seulement sur la part de l'immigration.

La France, dans la même période, a accepté un déracinement économique sans précédent. La désindustrialisation des années 1980 aux années 1990 a conduit à des dépendances humiliantes, à la perte de savoir-faire essentiels et au ralentissement des gains de productivité, puisque c'est surtout dans l'industrie que ces gains peuvent se réaliser. Beaucoup a été dit sur le fantasme français d'entreprises industrielles *fabless*, sans fabrication, qui se contenteraient de concevoir des produits et de commander une chaîne d'assemblage mondiale de sous-traitants. Cette stratégie financière à courte vue a précipité une hémorragie d'usines et d'innovations dont nous payons encore aujourd'hui le prix. Même si, depuis 2012, un rare consensus transpartisan s'est formé sur la nécessité de redresser la barre, les résultats restent fragiles.

Le déracinement culturel n'a pas été moins violent et il a été tout aussi volontaire. Il ne sert à rien d'imaginer un complot anglo-saxon pour imposer sa langue, ses codes, ses usages. Ce qui s'est passé, c'est bien plutôt l'abandon de la croyance en une culture commune et sa transformation en une consommation orientée par les goûts individuels. Et c'est vrai que le canon culturel occidental était devenu étriqué, décalé par rapport à la modernité, élitiste dans une société de masse. La *pop culture* offrait un supermarché de références, mais en perdant en chemin l'implicite d'une culture partagée, et surtout l'appartenance à un groupe qu'elle offrait. Aujourd'hui, nous semblons revenus à l'Ancien Régime culturel : d'un côté, une culture sophistiquée et globale des élites, qui agissent en patrons des arts comme jadis les grands mécènes aristocratiques ; de l'autre, une culture populaire fonctionnant par le bouche-à-oreille et la sélection naturelle des plaisirs et des besoins, intermédiée par des industries culturelles douées pour satisfaire les besoins narratifs et symboliques comme d'autres savent apaiser les besoins alimentaires. Ainsi s'est creusé un gouffre entre les récits dominants et les aspirations populaires. Kant disait que les Lumières consistaient dans la « sortie de l'homme de sa minorité dont il est lui-même responsable ». Dans le temps de Lumières inversées que nous traversons, nous semblons accomplir le chemin du retour, renonçant au passage à la liberté.

Il ne faut pas oublier, enfin, le déracinement politique. Nous ne sommes plus une communauté politique mais un supermarché électoral ; nous ne sommes plus un État mais une conciergerie du quotidien. Nous avons abdiqué la dignité de citoyen parce qu'elle semblait devenue trop grande pour l'époque. Le processus engagé correspond à une sorte de décivilisation volontaire, une abdication civique qui a vidé de l'intérieur l'édifice commun. Dans *La Crise de la culture*, Hannah Arendt alertait contre cette « société de masse [qui] n'est rien de plus que cette espèce de vie organisée qui s'établit automatiquement parmi les êtres humains quand ceux-ci conservent des rapports entre eux mais ont perdu le monde autrefois commun à tous ». La République, plus on en parle, moins elle existe.

Le basculement identitaire, sécuritaire et autoritaire prend sa source dans un manque de politique, une indifférence croissante à la politique. C'est la dépolitisation de nos sociétés européennes. Elle a démarré avec l'effondrement du communisme dans les années quatre-vingt-dix, qui a dépolarisé le champ politique et fait tourner en rond les débats. Les citoyens, soit parce qu'ils ne percevaient plus de menace aussi grande, soit parce qu'on ne leur proposait pas de changements assez sensibles, ont commencé à bouder les urnes.

Dans les années 2000, l'européanisation a semblé provincialiser les débats politiques en France. Le référendum de 2005 sur la Constitution européenne passionnait davantage que les élections, y compris nationales. Mais cette effervescence fut de courte durée et ne tarda pas à laisser place à une fatigue démocratique diffuse. Le quinquennat a accentué le processus en faisant davantage descendre dans l'arène politique le président de la République, désormais condamné à avoir réponse à tout et à chaque instant, au détriment de la fonction présidentielle qui est de rassembler, ralentir, rapiécer une France qui menace sans cesse de se défaire.

Dans les années 2010, la perte de crédit de la politique s'est accélérée comme une inflation électoraliste. Pour continuer à capter l'attention des Français, de plus en plus lassés ou agacés, il fallait parler toujours plus fort et plus sèchement. Le débat politique déjà bien imparfait est devenu bruyant et caricatural. La parole publique se trouve aujourd'hui brouillée, fragmentée, réduite à des slogans martiaux. L'expression même de pensée politique risque de disparaître bientôt du dictionnaire. Pour se faire entendre, c'est le lexique de la guerre qui s'est imposé : guerres contre la délinquance, contre la pauvreté, « réarmements » éducatif ou démographique, batailles, chocs de simplification ou de savoir, comme si, pour imprimer les cerveaux rétifs des Français, il fallait désormais frapper toujours plus fort. Un chef doit, en toutes circonstances, trancher et agir, même de façon contradictoire et inutile. Silvio Berlusconi, Boris Johnson, Nicolas Sarkozy ont ouvert un chemin que Donald Trump a emprunté à son tour. Partout, les dirigeants adoptent la rhétorique de l'urgence, de l'affrontement permanent. En France, cette rhétorique s'est parfois mêlée à celle du mépris, voire de l'injure jetée à la face des Français. Depuis 2007, ils ont eu droit à tous les quolibets venant de leurs dirigeants, traités tour à tour de « pov'con », de « sans-dents », de « ceux qui ne sont rien », ou encore de « Mamadou ». Les citoyens observent, médusés, une classe politique qui ne les représente plus. Quand retrouverons-nous des élites politiques capables de respecter enfin le peuple ? Et comment s'étonner, dans ce contexte, que les citoyens détournent le regard de la politique ?

La dépolitisation, c'est aussi la disparition du sens civique, voire du sentiment de devoir se plier aux lois, aux règles ou aux convenances communes. Certes, en France, nous n'avons pas attendu le XXIe siècle pour prendre des libertés avec le respect de la loi et il est difficile de mesurer l'ampleur de cette évolution. Tout juste peut-on dire que beaucoup la signalent et s'en plaignent. Peut-être, en effet, dans une société qui valorise la réussite individuelle, devient-il plus difficile pour les « gagnants » d'accepter d'être retenus par les mêmes règles que les « perdants ». La violence s'impose dans les écoles, quand des parents sont mécontents du traitement de leurs enfants ; dans les hôpitaux, quand des patients ont le sentiment d'être moins bien soignés que d'autres. Dans cette société sans cité, il revient à chacun de défendre son pré carré, avec pour conséquence prévisible l'effondrement du civisme.

À ce titre, il est peut-être justifié en effet de parler d'une « décivilisation » de la société française, c'est-à-dire d'une perte générale, sur tous les territoires, dans toutes les classes sociales, de repères collectifs. Elle ne se mesure pas seulement à la délinquance ou à l'insécurité, mais d'abord à un déluge d'incivilités : ne plus reconnaître à l'autre la même dignité, la même valeur qu'à soi-même. Ce poison lent est la base de la destruction de toute civilisation. J'appelle du nom de barbarie cette crise de l'intersubjectivité qui sape la politique, le droit, la culture et la société, c'est-à-dire la revendication de leur subjectivité par les individus et la relégation de tous les autres au rang d'objets. Ceux-là deviennent des instruments pour parvenir à ses fins. Peut-être l'infusion des termes de « pervers narcissique » ou de « comportement toxique » désigne-t-elle, justement, cette rupture. Elle cherche à donner une interprétation rassurante, psychologique, à une réalité fondamentalement politique et sociale. Nos sociétés produisent désormais de la déviance, plus des normes.

Les barbares, ceux qu'on imagine tels ou ceux qui se comportent comme tels, ne sont pas le contraire, mais le complément des empires. Voilà ce que nous disait J.M. Coetzee, écrivant, lucide, depuis une Afrique du Sud ségrégationniste, *En attendant les barbares*, guettant dans une bourgade imaginaire les mécaniques du pouvoir que permet le fantasme des barbares. Seule la peur des barbares peut assurer l'emprise de l'empire ; seule la vigueur imaginaire des barbares peut renouveler la force de l'empire. L'empire et les barbares sont deux visages d'une même réalité : la domination. Pris entre les deux, toujours, se trouvent les peuples, traités en troupeaux. Ainsi, la peur devient le ciment des empires et l'instrument de leur légitimation. C'est en réalité un regard dépréciatif porté sur nous-mêmes qui explique le malheur français. Comment bâtir notre avenir si nous ne sommes pas réconciliés avec notre passé ? Comment maintenir en vie la République si nous oublions sa promesse initiale : abattre toutes les Bastilles. Déraciner toutes les dominations qui se présentent en évidences ?

Ce faisant, en garantissant la paix, l'abondance nous a aussi fait perdre la maîtrise des conflits. Elle a remisé parmi les antiquités les moyens de gérer les conflits par les solidarités et les sociabilités locales, qui produisaient à la fois du conformisme et une conservation de la stabilité sociale. Le processus de dissolution des cadres sociaux a progressé à une vitesse sans équivalent pendant les années de forte croissance, sous anesthésie de la nouvelle richesse. Aujourd'hui restent les douleurs postopératoires, ajoutées aux effets de manque du sevrage des anti-douleurs.

La figure de l'étranger

L'abondance est derrière nous. Face aux nouvelles pénuries, nous poursuivons notre lente désintégration. L'étranger, désormais, incarne la fin de l'abondance. Cela explique la dimension centrale qu'a prise la question de l'étranger dans la société française, mais aussi dans les autres pays d'Europe ou d'Amérique du Nord. C'est la figure emblématique de notre temps. D'abord, le conflit « nationaux contre étrangers » permet d'occulter encore un peu plus longtemps les trois autres conflits qui traversent la société : les classes sociales, les générations et les territoires.

L'étranger cristallise de façon privilégiée ce qui, dans l'imaginaire collectif, fait peur chez les jeunes, permettant ainsi de dédouaner symboliquement, et par contraste, la jeunesse définie comme autochtone. Il représente également la classe dangereuse, arborant le nouveau visage de l'ouvrier, dont tout le monde sait dépendre sans vouloir se l'avouer. L'étranger symbolise enfin le territoire artificiel, sans ancrage, ce territoire lisière qu'est la banlieue, ni métropole ni périphérie, en orbite constante autour de la société légitime. La déploration de la faible intégration des étrangers renvoie en miroir à la désintégration de la société française, qui ne dispose plus des sociabilités fondamentales de l'école, du travail, de la ville ou du village, des associations, des Églises ou des syndicats capables d'incorporer les nouveaux membres de la société. Comment s'intégrer à une société qui elle-même se désintègre ? L'étranger devient ainsi le révélateur d'une défaillance d'intégration, peut-être plus grave et plus profonde en France qu'ailleurs parce que l'État jacobin s'y est souvent imposé contre les sociabilités traditionnelles et les ancrages locaux, en cherchant à unifier la langue, les codes culturels et les croyances.

Ensuite, l'étranger concentre les peurs projetées sur l'avenir en devenant le miroir inversé de nos propres doutes. À un niveau plus symbolique, plus culturel, l'étranger incarne, en effet, la pénurie. Il la connaît, il en vient. De là à penser qu'il l'apporte avec lui, comme la terre sous ses semelles, il n'y a qu'un pas. Il est perçu comme le disrupteur d'abondance. D'un côté, il est celui qui manque de tout – il n'a pas d'éducation ni de connaissances – et peu importe si cela contredit complètement les réalités statistiques et ignore le rôle essentiel, entre autres, des médecins étrangers dans notre système hospitalier. Il n'a pas d'argent. Il n'a pas de famille, pas d'ancrage dans un lieu, une communauté. Il n'a plus de pays. Cette pénurie paraît contagieuse ou prémonitoire à certains. Pour beaucoup d'autres, elle rend visible une forme de culpabilité latente, la conscience que notre abondance, au Nord, repose, en partie au moins, sur les limites du développement au Sud. De l'autre côté, il est celui qui vient « prendre » tout ce qui lui manque. Il vient prendre les emplois. Il vient prendre la santé – du moins bénéficier de l'AME ; dans l'imaginaire de certains, on traverserait même la moitié du monde en risquant cent fois sa vie pour bénéficier de cette couverture sociale minimale. Dans des fantasmes encore plus inavouables, mais de moins en moins inavoués, il viendrait prendre « nos femmes », c'est-à-dire la vie même. Il devient ainsi le bouc émissaire naturel de la peur de la pénurie.

Enfin, l'étranger incarne la dissolution de l'État. Car c'est bien la fonction centrale, originelle, de l'État de définir qui lui appartient et qui lui est étranger. La nationalité naît de la désignation de l'étranger. C'est l'État qui fixe le droit du séjour et ses limites. Le droit des étrangers est depuis deux siècles le laboratoire même de l'administration de la société : documents d'identité, contrôles, régimes de surveillance. Or, aujourd'hui, l'incapacité croissante de l'État à exercer ses prérogatives est perçue comme une faiblesse inédite. Tout ce qui est vécu comme contrainte extérieure – le droit d'asile entériné après la Seconde Guerre mondiale, le « regroupement familial » acté dans les années 1970, les limites au contrôle des frontières avec Schengen, sans compter les très réelles complexités du droit européen dans le cadre des règlements de Dublin –, tout cela est interprété comme une démission de l'État plutôt que comme un choix collectif.

En dernière analyse, *l'étranger, c'est le barbare*. Celui que nous guettons, dont nous savons l'arrivée inéluctable. Celui sans lequel il n'y a pas de civilisation. Chaque époque, chaque forme étatique fantasme ses barbares. À l'âge colonial, c'étaient ainsi les khroumirs sanguinaires qui justifiaient pour Jules Ferry les expéditions sanglantes en Tunisie.

La menace de dissolution

Dès lors, face au retour du manque, la nation, l'État, la République, fragilisés, sont en dissolution accélérée. La nation est devenue une communauté survivaliste crispée autour d'une triple obsession : identité, sécurité, autorité. La peur, ferment tragique de l'Histoire, recompose sous nos yeux la substance même du politique. La fascination des apocalypses qui hantent notre présent dissout l'idée même d'une communauté qui respire et transmet. Que ce soit le grand réchauffement, le grand déclassement ou le grand appauvrissement, tout le monde fait l'expérience de la politique comme survie. La fin du monde rend plus tolérables les fins de mois, et certains exploitent cyniquement cette divergence des horizons pour imposer des politiques inégalitaires, au nom de la promesse d'une survie future. C'est une solidarité de morts-vivants.

Mais le plus grave est ailleurs, dans la transformation de l'idée de nation. Ce n'est plus l'idée républicaine, inclusive, fondée sur la volonté commune, qui structure le débat public. C'est une idée appauvrie, fermée sur elle-même, qui nous menace : l'identitarisme. Sous couvert de la République, celui-ci ressuscite les vieux réflexes de la Contre-Révolution : trier, exclure, désigner un ennemi intérieur. La tentation est là : traquer l'étranger dans le citoyen, faire du droit du sol un danger, de la double nationalité une trahison. On ne construit plus la nation autour de principes, mais autour de fantasmes ethniques. Ce n'est pas nouveau. La France a déjà connu ses moments de bascule : l'affaire Dreyfus en 1894, Vichy en 1940, l'OAS en 1962. Toujours la même tentation : faire reculer la République au nom d'un peuple mythifié et homogène. Toujours les mêmes mirages de pureté nationale.

Aujourd'hui, en France comme dans la plupart des démocraties européennes, trois grandes peurs structurent le débat public : la peur du terrorisme, la peur de l'islam, la peur de l'immigration. Dans cet environnement saturé de drames et de faits divers érigés en symboles, en révélateurs de civilisation, la réalité cède devant l'imaginaire de la peur. Les faits eux-mêmes comptent moins que leur instrumentalisation. On ne cherche plus à comprendre, on cherche à désigner. À chaque crise, un bouc émissaire. À chaque drame, un pas de plus vers l'irréversible. Résultat : l'extrême droite pénètre les centres de pouvoir, avec partout la complicité des élites, aux Pays-Bas, en Italie, ou s'en approche dangereusement avec l'AfD en Allemagne, avec le FPÖ en Autriche. Que vaut l'indignation individuelle face à cette marée montante ? C'est dans ce contexte que prospère le mensonge de l'État qui, au lieu de reconnaître ses fragilités, les masque par des discours sécuritaires et des postures incantatoires. Il devient un État maltraitant, qui gouverne par la peur et l'usure civique, exposé aux plus grands malheurs : « La plus dangereuse maladie de l'État, c'est la division, car elle met en morceaux tout le corps politique, elle en affaiblit toutes les parties, elle le livre aux ennemis du dehors et aux mauvais citoyens du dedans », avertissait déjà le pamphlétaire protestant Pierre Jurieu à la fin du XVIIe siècle.

L'État s'est écroulé sous le poids d'une double mission qu'il n'était plus en mesure d'assumer, être à la fois l'État protecteur d'hier et l'État accompagnateur de demain. Pris entre nostalgie et reniement, il est devenu l'otage d'une société qu'il ne sait plus ni protéger ni inspirer. Lui, l'opérateur de modernité, la passerelle, est devenu obstacle, boulet au pied, empêchant à la fois les retours en arrière et les avancées. De stabilisateur automatique il s'est mué en poids mort. Il absorbe tout notre mal-être collectif sous la forme d'une dette toujours plus lourde, devenue le symbole même de ce rocher que le Sisyphe moderne pousse devant lui. On se souvient souvent de son châtiment, devenu proverbial, rarement de son crime – celui que les Grecs craignaient le plus, la démesure, celui du fondateur de cité qui construisit un palais défiant les dieux sur l'acropole de Corinthe. Nos États modernes sont aussi des palais de l'excès. Poids de la dette, mais aussi poids de dépenses qui progressent sans cesse : l'État du XIXe siècle dépensait de l'ordre d'un dixième de la richesse nationale ; le nôtre, au XXIe siècle, dévore plus de la moitié de ce qui est produit. Poids de la règle, déployée pour garantir l'équité, mais devenue une barrière entre les citoyens et l'administration, sur laquelle prospère un marché florissant d'intermédiaires et d'experts. La République s'est ossifiée. À force d'évoquer ses principes, nous avons oublié leur exigence. La démocratie libérale a baissé la garde en croyant triompher. Le consumérisme démocratique a entretenu l'illusion : le citoyen devenu client a cru choisir là où il ne faisait que sélectionner. Le médiatisme a confié la formation de l'opinion à des sphères qui ne répondent plus aux citoyens, mais aux logiques marchandes. L'élitisme technocratique a miné la souveraineté populaire, réduite à une formalité électorale entre deux décisions déjà prises.

L'État-nation s'est voulu moderne, il est devenu managérial. Il a troqué l'autorité pour l'efficience, le sens pour le pilotage, le service public pour une logique d'optimisation. En France, le macronisme incarne cette métamorphose. Mais cette tendance dépasse les personnes, elle est européenne, mondiale, inhérente à la crise de la démocratie contemporaine. Derrière le discours d'équilibre, le « en-même-temps » masque trop souvent l'absence de cap. Derrière une parole présidentielle omniprésente, un pouvoir personnel s'est imposé, bavard, ambigu, trop centré sur lui-même pour être démocratique, trop insaisissable pour être républicain. La verticalité du pouvoir a trahi la promesse horizontale du candidat. Avec l'effondrement des grands systèmes bipolaires des Trente Glorieuses, la recomposition du paysage politique a produit un pouvoir sans racines, sans contre-pouvoirs solides, où l'action se réduit à un exercice de survie et de communication. Dernier symptôme en date, le SPD, le plus vieux parti d'Europe continentale, ne rassemble plus que 16 % des électeurs allemands en 2025. En Grande-Bretagne, en 2024, les tories, un parti plus ancien encore, sont tombés à 121 sièges, leur plus faible résultat de tous les temps. Le pouvoir s'est éloigné des classes populaires, confondu avec les intérêts des classes supérieures, nourrissant un ressentiment social profond, incarné en France par les Gilets Jaunes, les colères de la jeunesse, les révoltes des banlieues. Sous nos yeux, la fracture s'est muée en abîme, la défiance en sécession silencieuse.

La désertification du sens

Au fond, c'est la désertification du sens qui nous menace. Dans les grandes transitions de l'Histoire, ce ne sont pas seulement les institutions qui vacillent, ni les équilibres stratégiques, ni les modèles économiques : c'est l'architecture invisible qui relie les hommes entre eux – ce tissu de sens, d'images, de récits, de repères – qui se délite. Nous vivons aujourd'hui une de ces transitions silencieuses. Elle n'est pas spectaculaire, elle ne se mesure pas dans les chiffres, et pourtant elle façonne profondément notre époque : nous faisons face à la perte d'un sens partagé.

Elle touche en profondeur nos manières de regarder et de comprendre. L'une et l'autre sont liées : lorsque le regard se fige, le sens s'efface. Lorsque l'autre devient un bloc d'altérité, la parole se rompt, l'imaginaire s'assèche. Pendant des siècles, nos sociétés ont reposé sur un ensemble de représentations qui structuraient l'existence : l'histoire comme promesse, la culture comme boussole, le langage comme mémoire, la beauté comme élévation. Nous savions, ou croyions savoir, d'où nous venions, ce que nous transmettions, ce que nous espérions. Nous comprenions, avec Tocqueville, que, « le passé n'éclairant plus l'avenir, l'esprit marche dans les ténèbres ». L'art, la religion, la philosophie, l'éducation étaient alors autant de vecteurs d'une aspiration intime et collective, d'un grand récit commun qui tissait entre elles les générations et fécondait l'avenir.

Mais ce récit s'est effondré, non dans un fracas, mais dans un effacement progressif. Nous produisons des données, mais plus de symboles. Nous transmettons des flux, mais plus de récits. Nous échangeons sans fin, mais sans langage partagé. Le progrès, si longtemps la matrice centrale du sens en Occident, ne fait plus lien. Le progrès semble désormais suspect, parfois cynique, incapable d'ouvrir l'avenir sur autre chose qu'une liste d'incertitudes, une sorte de crédit à la consommation généralisé. Il multiplie les capacités sans offrir la promesse d'une vie meilleure. S'y ajoute un brouillage. Le monde numérique, qui devait démocratiser le savoir, a démultiplié les voix mais aboli la parole commune. Les algorithmes amplifient les émotions, disloquent les récits. Les plateformes permettent de tout dire sans que l'on se comprenne davantage. Chacun vit dans sa bulle, dans son idiome, dans sa chronologie. Là où la culture ouvrait des passerelles entre les temps et les espaces surgissent aujourd'hui le repli dans l'écho, la confirmation de la chambre close.

Cette dissolution du commun a des effets politiques massifs. Car la démocratie n'est pas seulement un régime de droits, elle est une culture du débat, une mémoire partagée, une manière de se reconnaître dans le langage de l'autre. C'est dans ce vide symbolique que s'enracinent les essentialisations. Quand la culture recule, les identités deviennent des forteresses, les appartenances des prisons.

Dans ce silence fleurissent les discours autoritaires, identitaires, fondamentalistes. Là où le sens fait défaut, ils imposent une explication simple, fermée. Là où la culture hésite, ils instillent une norme. Là où l'imaginaire se tarit, ils installent un mythe. Le complotisme, la radicalité, l'appel au sacré, le retour à des valeurs figées ne relèvent pas d'une simple déviance : ils incarnent un symptôme, celui d'une société qui ne sait plus ce qu'elle transmet. Partout on constate ce déficit de récit : dans les écoles, où le mot « transmission » suscite la méfiance, dans les arts, où les références se fragmentent en niches, dans les discours politiques, où les grandes métaphores s'affadissent et où les mots perdent leur gravité, leur force. Sans cet ancrage symbolique, la société devient inhospitalière. Elle ne permet plus aux individus de se sentir membres d'un même monde. Lorsque Malraux parlait de « grandeur », il ne visait pas la domination, mais l'élévation : le désir d'accorder l'intérieur et l'extérieur, de donner un sens à la vie commune. Or cette grandeur a été supplantée par la performance, l'optimisation, l'efficacité, autant de moteurs qui épuisent sans guère élever. Ils engendrent fatigue, standardisation et épuisement du sens.

Le virus illibéral

Au bout de la désertification du sens, l'organisme tout entier semble se révolter contre son propre fonctionnement. Ce poison silencieux, insidieux, inoculé dans le corps même de nos démocraties ne vient pas seulement de l'extérieur. Il prospère à l'intérieur. Il n'a pas besoin de drapeaux ni d'étendards. Ce mal, c'est celui de la démocratie illibérale. C'est là l'instrument le plus habile, le plus pernicieux de l'offensive mondiale que nous voyons se dessiner, en particulier sous l'impulsion du trumpisme et de ses imitateurs. Ce mécanisme, c'est le populisme activé, délibérément entretenu comme une arme tactique. Car à la guerre des ressources, à la guerre commerciale et technologique s'ajoute une guerre des institutions, une guerre contre les valeurs, une guerre contre les fondations mêmes de notre pacte démocratique. Le populisme, loin d'être un phénomène spontané, est nourri, soutenu, attisé par certaines puissances pour enchaîner autrement les peuples – par la peur, la colère et le ressentiment. Il agit comme une tête de pont de l'offensive impériale. Il est le cheval de Troie idéologique visant à saper la démocratie de l'intérieur, nourri par le sentiment de dépossession qui ronge nos sociétés. Le vide laissé par l'impuissance croissante de l'État nourrit une défiance généralisée. Partout monte le sentiment d'abandon. Abandon des territoires, des services publics, de l'école, de la santé. Les fractures se creusent – sociale, scolaire, territoriale – et avec elles le doute sur la capacité de l'État à protéger, à incarner le destin collectif.

Et ce doute ouvre une brèche. Il rend acceptable ce qui, hier, paraissait impensable. Il prépare le terrain à des solutions qui ne s'embarrassent plus du droit et exaltent l'action immédiate, brutale, au nom d'un ordre rétabli de force. Car ce que propose le populisme, c'est une transgression. Un court-circuit démocratique. Une voie de contournement du cadre républicain. C'est pourquoi la critique de l'État de droit devient le fer de lance de cette offensive. La justice est accusée d'entraver la volonté populaire. Les médias sont traités en ennemis du peuple. Les contre-pouvoirs sont décriés comme autant d'obstacles à la souveraineté. Et le peuple, désorienté, désespéré parfois, en vient à accepter que l'on aménage les libertés, que l'on réduise les garanties, que l'on modifie les règles du jeu.

Dans ce jeu de déconstruction, la question identitaire est comme la tête nucléaire de ce missile politique. Elle permet de jouer sur ce qu'il y a de plus intime : le sentiment d'appartenance, le besoin de reconnaissance, la peur de l'effacement. Elle transforme des inquiétudes légitimes en haines politiques. Elle transforme le doute en rejet. Le débat en affrontement, accélérant la dislocation de la communauté nationale. Ce que l'on cherche à faire, c'est opposer l'ordre à la liberté. Non plus l'ordre républicain, garant des droits, mais un ordre absolu, au mépris de la justice sociale. C'est la tentation du pouvoir fort, de la main de fer, d'une autorité sans limite ni contrepartie. On réclame des murs, des frontières, et l'on oublie que la République, elle, repose sur l'union et la confiance. La peur devient projet. La colère devient programme. L'exclusion devient système. Dans ce désordre affectif, les fondations mêmes de nos régimes se fissurent. Nous glissons lentement, sans bruit, de la démocratie libérale vers un autre régime.

C'est cette logique que l'on retrouve dans tant de pays aujourd'hui, en Hongrie, en Slovaquie et ailleurs. Elle gagne aussi les États-Unis. Elle s'installe dans les marges de notre propre République, à travers les accusations portées contre les juges, les journalistes, les institutions. Et c'est ainsi que la démocratie meurt, non par un coup d'État, mais par une série de renoncements consentis, insensibles d'abord, irréversibles ensuite.

Face à ce virus, le pouvoir de dire non prend toute sa force dans le refus de la servitude volontaire. Nous avons à défendre deux piliers essentiels de notre modèle républicain : l'ordre et la justice sociale. Sans l'un, c'est le chaos. Sans l'autre, c'est l'oppression. C'est ce fragile équilibre qu'il nous revient aujourd'hui de préserver et de transmettre. Ce combat n'est pas seulement stratégique. Il est existentiel. Il engage notre être collectif. Il commande notre fidélité à ce que nous avons de plus précieux : notre liberté, notre dignité, notre fraternité.

La culture comme antidote

La culture est le seul antidote au virus illibéral et à la barbarie qui nous guette. Cela explique l'écho considérable des œuvres d'errance, de lenteur, de quête spirituelle. On vient reprendre son souffle auprès de Montaigne, de René Daumal ou de Georges Perec, et on y accueille volontiers les passants du monde entier. On s'aventure par-delà les frontières de la politique. On lit les poèmes d'Anna Akhmatova, on se laisse hanter par la puissance romanesque de Tolstoï, on explore les profondeurs de l'âme chez Dostoïevski, on retrouve dans les *Récits de la Kolyma* de Varlam Chalamov l'expérience nue de la survie et de la liberté intérieure, on écoute la voix tragique d'Ossip Mandelstam, poète broyé par la machine totalitaire mais gardien inébranlable d'un chant universel, on découvre sous la plume de Svetlana Alexievitch le visage et la voix des laissés-pour-compte, des oubliés. D'autres se tournent vers la littérature chinoise, vers la modernité inquiète de Lu Xun, ou, plus près de nous, de Gao Xingjian, pour y puiser un sens qui échappe aux appareils idéologiques. Certains découvrent la foisonnante culture iranienne, de Rûmi à Sohrab Sepehri, et s'aperçoivent que ce pays, trop souvent enfermé dans un discours politique simplificateur, recèle une splendeur littéraire et philosophique inépuisable. Ces œuvres sont des brèches, des respirations, elles témoignent de la liberté profonde de l'être humain et rappellent que la grandeur humaine survit parfois à la défaillance des civilisations.

C'est cette complexité qu'il faut préserver, contre la tentation de réduire un peuple, une nation, une civilisation à un bloc. La Russie n'est pas réductible au Kremlin, pas plus que la Chine ne se limite à son Parti, ni l'Iran à ses mollahs, ni les États-Unis à la figure d'un seul président. L'histoire européenne, nourrie de rivalités et de guerres fratricides, pourrait nous l'enseigner : la France et l'Allemagne ont su sortir d'une hostilité séculaire, précisément en misant sur la culture, l'éducation, les échanges, la lente élaboration d'une réconciliation. Elles ont compris que l'autre n'était pas un ennemi héréditaire mais un partenaire possible dans la construction d'un horizon commun. De même, aujourd'hui, face à l'Amérique de Donald Trump, il serait trop facile de figer un continent entier dans la caricature, tournant le dos à Melville, Faulkner ou Philip Roth. Toute société est travaillée par une diversité d'âmes et une énergie critique qui ne demandent qu'à être reconnues.

En France, notre culture, plus vivante que jamais, est notre boussole commune. Partout on voit émerger des forces qui rajeunissent la culture française. Le nouveau cinéma de genre, la jeune peinture figurative qui vient s'exposer, côte à côte avec les vieux maîtres du Musée d'Orsay. Annie Ernaux et Michel Houellebecq, par romans interposés, conduisent le débat politique devenu impossible. Une génération de romancières apporte ses voix singulières. Libérée des classicismes, c'est une culture riche, diverse, foisonnante, qui est le reflet fidèle d'une France qui change.

Ainsi, la culture apparaît comme la réponse à l'essentialisation et à la déshumanisation. Elle offre un détour et une complexité qui permettent de regarder chaque peuple, chaque individu comme le dépositaire d'une histoire et d'une liberté. Il ne s'agit pas de nier les crimes, les dérives autoritaires, les injustices, mais de refuser de confondre un régime et un peuple, des dirigeants et une civilisation. La culture, en ce sens, réintroduit la nuance. Elle réapprend à écouter la voix plurielle des autres. Ce besoin n'est pas un conservatisme. Au contraire de la résurrection d'un ordre ancien, il s'agit de proposer une autre forme de présence. Notre époque, trop pressée, confond la liberté avec l'absence de limites. Or la spiritualité, la conscience du sacré, fût-ce dans un sens non religieux, nous rappellent qu'il existe une part d'insondable. Quelque chose qui nous dépasse et qui nous oblige. Retrouver cette dimension, c'est redonner sa place au silence, à la lenteur, au geste gratuit. C'est accepter que l'autre ne soit ni possédé, ni réduit, ni enfermé dans une définition immuable.

Le spirituel n'est pas l'ennemi du politique, il en est la condition. Un pouvoir qui ne s'enracine pas dans une éthique du rapport à l'autre, dans un questionnement sur la vie bonne, devient pure administration, sans souffle ni élan. Il peut durer, mais il ne relie plus, il ne fait plus société. Dans toutes les grandes civilisations, le pouvoir assumait aussi une fonction symbolique, inspirante. Aujourd'hui, cette mission semble abandonnée. Or, dans le fracas du monde, c'est peut-être ce rôle qu'il faut retrouver. Non pas une parole bavarde, mais une parole qui porte, qui relie et donne forme à ce que nous vivons.

On ne peut livrer le monde à la pure gestion, à la seule économie des flux. La culture n'est pas un ornement, mais une colonne vertébrale, condition de notre vitalité démocratique. Une jeunesse sans repères, sans récit, sans récit critique, surtout, est une jeunesse désarmée. La mémoire, le patrimoine, la littérature, les arts ne sont pas des trésors poussiéreux, mais des clés pour appréhender le présent, pour sortir du court-termisme, de l'injonction permanente à produire, à consommer, à réagir. Alors, il faut se reprendre. Réouvrir les lieux du savoir et de la création. Encourager la rencontre des œuvres, qu'elles viennent de Samarcande ou de Kyoto, de Moscou ou de Téhéran, de Nairobi ou de New York, pour briser les caricatures et ressaisir l'infinie diversité de l'expérience humaine. Réapprendre à transmettre. Rendre visibles les voix oubliées. Donner à la culture sa fonction politique : armer les esprits, élargir les horizons, faire de chacun un être pensant, parlant, sensible. Ce geste commence partout. Dans une salle de classe, un théâtre, une bibliothèque, un atelier, un café, où, dès lors que l'on se donne le temps de nommer et d'écouter, on réintroduit le sens. On refuse l'oubli. On oppose à l'essentialisation la connaissance, à la précipitation la contemplation, à l'amnésie l'archive vivante des luttes, des œuvres, des blessures, mais aussi des espoirs et des recompositions. Partout où l'on garde la mémoire palpitante, partout on recrée du commun.

Dans un monde qui bascule, cette reconquête du sens est la condition de la survie de nos libertés. Non pour restaurer un passé idéalisé, mais pour affronter l'avenir avec une intériorité retrouvée. Une société sans culture devient une proie. Une société sans spiritualité se transforme en machine. Une société sans imaginaire se réduit à un marché. Face à cela, le pouvoir de dire non est un acte de civilisation : non à la confusion, non à la dispersion, non à l'indifférence. Mais aussi, et surtout, oui à l'enracinement, à la parole partagée, à la beauté comme exigence, à la lenteur comme résistance, au soin comme horizon. C'est en prêtant attention à ces détails, dans la lumière fragile d'une œuvre, dans le geste silencieux qui rappelle que nous sommes encore capables d'humanité, que peut s'amorcer le redressement.

Le temps du repli des nations coïncide avec le retour des empires. Or l'antidote à cette bascule, c'est encore la culture, la capacité à saisir la complexité de chaque destin et à la mettre en résonance avec d'autres. En reconnaissant la multiplicité des voix, en acceptant que nul n'est voué à un déterminisme irrévocable, nous faisons place à un autre possible, à la liberté de chacun, et, par là même, nous faisons vivre la démocratie sur la scène du monde. Car la culture n'est pas qu'un trésor à contempler : elle est un ferment, un outil de résistance, un pont tendu au-dessus des gouffres de la haine et de l'ignorance.

II

Habiter les seuils

L'usage des exhortations politiques, dont celle-ci fait bien sûr partie, est de peindre avec le plus de justesse possible un avenir noir afin de proposer une solution de la dernière chance, un exercice de courage et de volonté qui permettrait d'empêcher le météore de frapper la Terre et de nous mener vers un avenir radieux. Je ne suis plus si sûr que cela soit possible aujourd'hui. Je crois même que ces promesses héroïques de lendemains qui chantent figurent parmi les moteurs qui nous ont précipités dans ce face-à-face avec les catastrophes. Non, le défi de notre époque est plus modeste, mais plus décisif : empêcher le pire, préserver l'essentiel. C'est habiter le seuil.

L'heure des limites

Nous ne traversons pas une simple période de troubles. Nous vivons un changement d'ère. Le monde tel que nous le connaissions se défait sous nos yeux. Revenons encore une fois à l'essentiel : la planète s'épuise, les sociétés se crispent, les démocraties doutent d'elles-mêmes. Un modèle de civilisation fondé sur l'illimité, sur la conquête de la nature, sur la croissance perpétuelle et la confiance aveugle dans la technique se trouve aujourd'hui dans l'impasse. Pour retrouver un cap, il ne s'agit plus de prolonger les trajectoires anciennes mais d'inventer autre chose. Un équilibre nouveau. Une force inédite. Une fidélité renouvelée à ce que nous avons été et un courage tranquille pour ce que nous devons devenir. Ce n'est pas un programme de réformes techniques mais une refondation politique et morale, non par la rupture brutale, mais par l'enracinement et l'élévation de l'ambition commune.

Tout commence par une reconnaissance : celle de nos limites. Puisque, comme j'ai voulu le montrer, la rareté planétaire est la source souterraine de toutes les dérives politiques actuelles, son approche solidaire, rationnelle et collective doit devenir le socle de la renaissance démocratique. L'exigence écologique ne peut plus être une politique sectorielle parmi d'autres, mais le granit de principes sur lequel reconstruire plus solidement et durablement. Nous devons sortir de l'illusion d'un monde sans bornes, d'une humanité toute-puissante. Nous devons inscrire dans notre droit, dans notre politique, dans notre économie le principe de finitude. Cela exige une révision de notre rapport à la Terre. Elle n'est pas un stock, elle est une condition de notre liberté.

Nous vivons à la lisière d'un monde qui ne tient plus, et d'un autre qui n'a pas encore de nom. Nous ne traversons pas seulement une accumulation de crises, mais une expérience du franchissement, un passage global sans carte ni boussole, sans langage unifié. Un seuil n'est pas une frontière. Ce n'est pas un mur, mais un point de bascule où quelque chose devient irréversible. Le dérèglement climatique en est l'exemple le plus clair : seuil de 1,5 °C, seuil de basculement des écosystèmes, seuil d'emballement des dynamiques atmosphériques ou océaniques. Mais le même sentiment prévaut dans tant d'autres domaines qu'il s'agit bien là de la définition même de l'époque : seuil d'une démocratie illibérale en proie à une spirale d'autorité, d'identité et de sécurité. Seuil d'une intelligence artificielle susceptible de bouleverser le quotidien, le travail, la guerre, au risque d'une perte de contrôle de l'humanité. Seuil de la guerre mondiale, lorsque les courses aux armements et la prolifération nucléaire deviennent des prophéties autoréalisatrices et préparent les esprits à accepter la guerre, voire à la désirer.

Chaque fois, la même logique : un point de non-retour. L'équilibre antérieur devient inaccessible. On ne peut plus revenir en arrière, mais on ne sait pas encore comment avancer. Ces seuils ne sont pas des abstractions, ils structurent déjà nos vies. Et pourtant, nos institutions, nos récits politiques peinent à les nommer. Cela exige un nouveau type de politique : celle des seuils. Elle implique de prendre conscience de la fragilité et des risques de bascule. Cela signifie demeurer sur le seuil, ne pas franchir les multiples points de bascule qui menacent l'humanité. Cela signifie rendre ce seuil habitable, accepter l'idée de vivre le présent sans reporter sans cesse la part de bonheur collectif possible à plus tard.

Rendre les seuils visibles

Le premier impératif d'une politique des seuils, c'est de les rendre visibles à chaque niveau, qu'il s'agisse de l'environnement, de la guerre ou de notre propre humanité, pour parvenir à une prise de conscience collective. Le seuil du saccage planétaire est très proche de nous. La prise de conscience doit d'abord être quotidienne, locale, personnelle. Il faut s'efforcer de mesurer ce que nous risquons de perdre, évaluer ce qui a déjà disparu – quatre cents millions d'oiseaux en Europe, deux tiers d'insectes en moins. Ce ne sont que des chiffres, des abstractions, mais l'absence devient palpable. Où sont passés les vols de hannetons autour des arbres de mai ? Où sont les danses des lucioles dans les nuits d'été ? Le « printemps silencieux » annoncé par les pionniers de l'environnementalisme menace désormais de se transformer en ère des déserts.

La conscience du seuil climatique doit parvenir à articuler l'individuel et le collectif. Dans notre sentiment d'impuissance généralisée, nous oscillons tous entre les deux pôles. Tantôt, face à la difficulté des compromis politiques, aux désillusions de la diplomatie climatique, aux « retours de bâton » anti-environnementaux, nous nous replions vers l'échelle individuelle ; tantôt, face à l'ampleur des défis, nous sombrons dans le découragement, sentant que l'action isolée est dérisoire. Il ne peut y avoir de transition juste sans conjuguer responsabilité personnelle et ambition commune. Pourquoi ne pas mettre en place, à titre pédagogique, un plan d'épargne climat individuel, dans lequel seraient comptabilisés et reconnus les efforts personnels allant au-delà de la moyenne de nos concitoyens ? Pourquoi ne pas le rendre monétisable dans une logique de crédit carbone, sous certaines conditions ? Car, à terme, dans le monde d'après l'abondance, l'énergie et donc la quantité moyenne de carbone émise deviendront les unités de mesures naturelles de nos échanges, même si ceux-ci s'exprimeront encore en monnaies nationales.

Le deuxième seuil est celui de la guerre totale. Là encore, il s'agit d'engrenages. Peu importent les intentions véritables ou supposées : les actions des dresseurs d'empires conduisent mécaniquement à la guerre. Les paroles et les actes de ceux qui manipulent l'idée de civilisations rivales mènent à la guerre civile. Les uns et les autres, quand ils ne sont pas les mêmes, se soutiennent mutuellement, élevant toujours plus haut les degrés de violence.

C'est un engrenage qui, comme le précédent, produit des points de non-retour, au-delà desquels c'est toujours la barbarie contre la barbarie. Tous les partis, tous les États veulent croire que la guerre serait purificatrice, parce qu'elle révélerait une vérité supérieure et ferait disparaître le mal. Mais toute notre histoire, partout dans le monde, hurle le contraire. Même quand elle est jugée nécessaire, la guerre crée l'irréparable, une zone grise d'indifférence morale, un face-à-face des barbaries.

La philosophe Simone Weil, dans son puissant essai *L'Iliade ou le poème de la force*, offre un précieux éclairage en analysant comment la force extrême peut déshumaniser à la fois les bourreaux et les victimes. Elle montre avec lucidité comment, sous l'effet progressif et banal d'une violence systématique, les individus se trouvent réduits à l'état d'objets, comment la conscience morale, petit à petit anesthésiée, se voit incapable d'arrêter la machine infernale une fois mise en marche. Elle pointe également l'accumulation, le franchissement méthodique de seuils moraux, la déshumanisation croissante devenue « acceptable » par la rationalisation politique et bureaucratique, tels que les analyse Hannah Arendt à travers le concept de « banalité du mal » lors du procès Eichmann.

C'est précisément cette perspective des seuils successifs qu'il nous faut pleinement mesurer, non pour banaliser les tragédies historiques, mais pour mieux appréhender les mécanismes internes et mieux anticiper les catastrophes à venir. Car le mal ne se produit jamais d'un seul coup ; il avance lentement, seuil après seuil, chaque transgression préparant la suivante, banalisant progressivement ce qui semblait inacceptable. Les massacres perpétrés durant les guerres antiques, la destruction de Carthage ou l'élimination systématique des peuples amérindiens durant la conquête de l'Amérique obéissent tous à la même logique.

De même, l'invasion américaine de l'Irak en 2003, en ignorant volontairement les avertissements sur l'instabilité prévisible et les risques d'effondrement régional, constitue un exemple frappant de ce franchissement de seuils successifs. Cette guerre, pourtant présentée comme rationnelle, a ouvert la voie à un chaos durable, nourrissant le terrorisme moderne et exacerbant un risque accru d'affrontements civilisationnels. Loin d'être incompréhensibles, ces désastres résultent de mécanismes d'aveuglement volontaire et d'une rationalisation progressive de la violence.

Cette logique de franchissement des seuils doit aussi nous conduire à envisager la possibilité ultime : la destruction totale, l'apocalypse finale que nous nous infligerions nous-mêmes. Historiquement, l'humanité a toujours été hantée par la peur de l'apocalypse, imaginée comme un décret divin dans les récits bibliques, mais devenue aujourd'hui une menace bien réelle du fait, pour la première fois, de l'homme lui-même. Désormais, l'arme nucléaire, les armes biologiques, l'IA nous placent directement devant la responsabilité ultime de prévenir le franchissement de ce seuil définitif.

Il ne suffit pas d'évoquer la barbarie comme un phénomène dépassant l'entendement. Au contraire, il faut admettre qu'elle est en nous, potentiellement inscrite dans nos institutions, nos discours, nos comportements quotidiens. C'est une barbarie d'habitude. Cette conscience nouvelle doit se traduire par une vigilance constante, une mobilisation intellectuelle, morale et politique visant à prévenir et arrêter ces engrenages avant que l'irréparable ne survienne. C'est là l'exigence absolue de la politique : assumer pleinement cette responsabilité lucide, refuser l'anesthésie morale et affirmer clairement notre capacité collective à dire non avant le seuil ultime.

C'est tout le travail des paix, paix de vainqueurs ou paix de guerre lasse, que d'oublier ces barbaries. C'est la condition sans doute pour continuer à vivre, pour « réparer les vivants », mais c'est aussi la raison pour laquelle les guerres se répètent. Il n'y a pas de leçon définitive de l'Histoire, sauf à imaginer un personnage de roman qui chaque jour oublierait ce qu'il a fait la veille et se résoudrait à se l'écrire à même la peau – et encore, comment serait-il sûr du message que l'homme d'hier lui aurait transmis ?

Trois rouages s'imbriquent dans cette mécanique de brutalisation. Le premier, c'est la diffusion de la guerre par les alliances. La guerre n'a d'autre limite que l'indifférence des autres. L'Amérique de 1914 a voulu rester neutre, mais a été entraînée malgré elle dans le conflit. Dans un monde interdépendant vient toujours un moment où il faut prendre parti, s'aligner, même sans espoir de gain, simplement pour éviter les pertes. Ce qui est vrai dans les guerres externes l'est aussi dans les guerres intestines. L'expansion de l'esprit de guerre finit par épuiser l'espace intermédiaire des modérés ou des indifférents. C'est ainsi que naît la logique de guerre civile. Les absurdités des uns légitiment les excès des autres, camp contre camp, chacun s'acharnant à détruire l'espace du dialogue et de la mesure.

Le deuxième rouage, c'est l'armement et sa course en avant. Dans l'obligation de ne pas se laisser distancer, une puissance accroît sans cesse la menace qu'elle représente pour les autres, les poussant à faire de même. C'est le fameux dilemme de sécurité dont l'école réaliste des relations internationales fait l'alpha et l'oméga de sa théorie, sans voir que s'il s'appliquait pleinement, il conduirait logiquement à l'hégémonie absolue d'une puissance capable de désarmer toutes les autres. En réalité, l'équilibre est instable, encore accéléré par des progrès techniques exponentiels dans le domaine de la destruction. Les avantages deviennent à la fois massifs et précaires. Certains théoriciens concluent, rétrospectivement, que les États-Unis auraient dû utiliser leur bref monopole atomique contre la Russie pour éviter l'équilibre de la terreur. Le modèle théorique aurait exigé la guerre, mais elle n'a pas eu lieu, preuve qu'il existe encore des forces capables d'empêcher le pire. Face à ce dilemme de sécurité, il faut donc trouver un équilibre délicat. Il faut assumer un réarmement, parce que le pacifisme désarmé n'a jamais obtenu gain de cause. Mais il faut simultanément contrecarrer les effets de ce réarmement sur nos sociétés, empêcher les concentrations industrielles excessives et incontrôlées dans le domaine de la défense, diffuser une culture démocratique de la défense nationale, maîtriser des instruments de renseignement qui finissent trop souvent par se retourner contre l'État qui les emploie. Là encore, le seuil n'est pas confortable, il exige une quête incessante de juste équilibre.

Le troisième rouage, le plus central de cette mécanique guerrière, demeure la peur existentielle. Dès lors que la lutte est perçue comme une lutte pour la survie, plus aucune considération morale ne vient limiter les actions. Tous les critères de la guerre juste paraissent alors abstractions dérisoires. Survivre justifie tout : détruire l'autre, parfois même préventivement, avant qu'il ne devienne une menace tangible et ne soit assez fort pour m'attaquer. Survivre, c'est autoriser à s'affranchir du corset étroit des règles de la guerre. Et ceux qui prétendent se battre au nom de la civilisation en arrivent à se dire : puisque c'est eux ou nous, tout est permis, car si eux l'emportent, il n'y aura tout simplement plus aucune règle à défendre. Suspendre provisoirement nos principes ne nous rendrait-il pas, argumentent-ils, plus moraux, dès lors que nous les rétablirons après la victoire ?

C'est pourquoi Gaza n'est pas un simple conflit local, isolé sur la carte d'un monde déjà en flammes. C'est un symbole et un avertissement, la préfiguration de toutes ces guerres que, partout dans le monde – en Amérique, en Europe ou ailleurs –, nous semblons prêts à accepter comme des éventualités rationnelles. Gaza n'est donc pas une aberration. Elle est devenue tragiquement la norme brute de la guerre, une barbarie rendue possible par l'engrenage des peurs et la démission collective des consciences. Une raison trompeuse nous pousse à franchir ce seuil, convaincus qu'en poussant plus loin le jeu de la force nous pourrions triompher définitivement de la barbarie, comme si banaliser le mal pouvait nous en immuniser. Mais de cette aventure vers l'inconnu il se pourrait que peu d'entre nous reviennent indemnes. Et le risque est grand que nous perdions en chemin l'idée même que nous nous faisons de la civilisation. Dans le « Dernier Discours de l'Homme rouge », Mahmoud Darwich peignait l'issue inexorable de la guerre, au-delà même des victoires illusoires : « Il y a des morts qui sommeillent dans les chambres que vous bâtirez. Des morts qui visitent leur passé dans les lieux que vous démolissez. Des morts qui passent sur les ponts que vous construirez. Et il y a des morts qui éclairent la nuit des papillons, qui arrivent à l'aube pour prendre le thé avec vous, calmes tels que vos fusils les abandonnèrent. Laissez donc, ô invités du lieu, quelques sièges libres pour les hôtes, qu'ils vous donnent lecture des conditions de la paix avec les défunts. »

La mécanique de transgression est déjà à l'œuvre, même si nous discernons encore quelques forces d'ajustement capables d'éviter le pire. Cette force, c'est précisément la responsabilité et l'honneur de la politique, pensée exigeante de l'issue optimale dans un contexte antagoniste, stratégie attentive aux anticipations et aux positions de l'adversaire pour rechercher le moindre mal, le plus stable des équilibres possibles. Après des décennies à porter ce message, souvent dans l'indifférence, je mesure combien cette « politique » peine encore à convaincre. Elle paraît lente, incertaine, confuse. Il faut parfois accumuler longtemps les erreurs tragiques sur le terrain avant que s'ouvrent les yeux. Face aux risques de guerre civile, de guerre des blocs, de guerre des civilisations, la politique demeure pourtant notre seul véritable remède. Mais elle ne pourra agir efficacement que si elle s'accompagne d'une mobilisation collective accrue, capable de résister aux déchaînements idéologiques et identitaires qui nous menacent chaque jour davantage.

Nous devons aussi affronter le seuil de la déshumanisation technologique dont l'accélération semble inexorable. Les principaux spécialistes de l'intelligence artificielle expriment aujourd'hui ouvertement leur inquiétude qu'elle puisse, dans un horizon relativement proche, constituer une menace existentielle pour l'humanité. C'est déjà un constat frappant. Plus troublant encore est de voir ces mêmes acteurs poursuivre et intensifier leurs efforts, chacun voulant être le premier à franchir le seuil de la singularité, ce moment critique où l'intelligence artificielle générale surpassera définitivement l'intelligence humaine. En outre, les nuisances de la vie technologique dépassent désormais ses bénéfices potentiels. Plusieurs analyses soulignent une dégradation constante des grandes plateformes du numérique. D'abord, elles offrent des services de qualité à un public large et à un coût faible. Mais ensuite, pour attirer et fidéliser leurs clients réels – les annonceurs –, elles fournissent de plus en plus de données sur les utilisateurs et leur cèdent une place croissante sur leurs écrans. Progressivement, usagers comme entreprises se retrouvent captifs d'un monopole qui tue l'innovation et prélève une rente sans cesse plus lourde. De leur côté, les réseaux sociaux, initialement promesse d'ouverture au monde, deviennent des espaces d'enfermement allant jusqu'à affecter profondément la santé mentale.

Par ailleurs, le nouvel espace global de l'information devient le théâtre d'une criminalité débridée et sans frontières que les forces de police et les experts en cybersécurité peinent à contrôler. Jusqu'au jour où la peur du piratage, du vol de données ou de l'usurpation d'identité dissuadera une part croissante de citoyens d'y participer, limitant ainsi son accès à ceux qui disposent des moyens suffisants pour assurer leur protection. Dans tous les cas, le rêve originel d'un Internet libre, ouvert et créatif semble se refermer comme un piège. Certes, on peut tenter individuellement de résister en maîtrisant mieux son usage des algorithmes ; toutefois, au-delà des transformations économiques et cognitives, c'est bien la nature même de l'humain qui se trouve mise en question.

Les avancées scientifiques nous confrontent à de nouveaux seuils liant éthique et technologie : celui du transhumanisme, qui promet de briser les limites biologiques de l'humanité au risque qu'elle perde son âme. La manipulation génétique, les biotechnologies, la fusion homme-machine doivent être interrogées non seulement dans leur faisabilité technique, mais dans leur légitimité morale. Ce n'est pas parce qu'une technologie existe qu'elle est souhaitable. La sagesse collective doit retrouver ses droits face à l'ivresse prométhéenne. Cela signifie que nous devons nous doter de ralentisseurs, d'une expertise collective et pluridisciplinaire, dans la lignée de la bioéthique, pour couvrir la vision plus large de l'homme, incluant son intégrité cognitive, mais aussi d'accélérateurs, en investissant dans les nouvelles technologies pour qu'un modèle respectueux de nos principes républicains ait les meilleures chances de se déployer dans la compétition mondiale. Tout l'équilibre est dès lors dans le pilotage. Appuyer sur l'accélérateur et le frein en même temps fait seulement crisser les pneus. Mais doser tour à tour les impulsions permet de négocier les virages serrés des routes de montagne qui nous attendent.

Enfin, nous devons prendre la mesure du seuil de l'illibéralisme, dont les formes varient mais s'alimentent les unes les autres. La première exige une efficacité absolue de la loi démocratique tout en rejetant ses garanties, sa lenteur et son visage humain. Elle nie ainsi la liberté même, qui s'apprécie précisément dans l'écart entre la règle et son interprétation au cas par cas. On juge toujours étrange de s'opposer à la logique sécuritaire. Qui refuserait que les malfaiteurs soient châtiés ? Mais la différence réside dans l'acceptation de l'incertitude du procès équitable. Pour contourner cela, on exalte les peines planchers, on vante une justice expéditive, un État mécanisé. Ce faisant, les riches bénéficieront d'une justice lente et complexe tandis que les pauvres subiront une justice expéditive. Le deuxième illibéralisme postule l'existence d'une vérité absolue en politique. Il croit en la transcendance des dogmes qui ferait de toute relativisation un aveu de mensonge. C'est la logique de l'Inquisition, où la conversion forcée, fût-ce par les flammes, garantirait le salut de tous. Le zèle à extirper l'erreur deviendrait même la condition du salut du justicier lui-même. Le troisième illibéralisme brandit les droits absolus de la majorité, contre lesquels toute opposition devient suspecte. Il traque la « Cinquième Colonne », suspecte toute personne de manque de zèle. C'est la logique de la Terreur, où l'on finit par s'interroger non plus sur le bien-fondé de la justice, mais sur le nombre acceptable de citoyens à sacrifier au nom d'une pureté illusoire. Chez tous les « remigrateurs » du monde, la même question se pose – et la réponse s'éloigne toujours. « Remigrer » quelques centaines de milliers d'immigrés illégaux ne leur suffira pas ; les 8 % de la population immigrés et de nationalité étrangère pas davantage ; ni sans doute les 2 % supplémentaires immigrés mais de nationalité française. Ni à terme les enfants d'immigrés, car le fantasme remigratoire est une machine à remonter le temps. Il n'est même pas sûr, ni même probable, qu'il leur suffirait d'avoir « remigré » le quart de la population descendant d'un grand-parent immigré. À force de se purger soi-même, notre société se rendra compte que nul n'est jamais assez blanc ni assez français pour satisfaire aux obsessions identitaires.

Enfin, il est un seuil plus subtil encore, mais décisif : le seuil moral, point critique où vacille la conscience, où s'effacent les repères élémentaires du bien et du mal, du juste et de l'injuste. Ce seuil, peut-être plus silencieux que les autres, n'en est pas moins redoutable, car il précipite l'effondrement intérieur rendant possibles, acceptables, voire désirables, tous les dérèglements extérieurs. Dans nos sociétés contemporaines, ce seuil est franchi chaque fois que la vérité devient un instrument de pouvoir, une variable d'ajustement au service des récits dominants. Il est franchi lorsque la responsabilité individuelle s'efface derrière des logiques collectives, derrière les ordres reçus, derrière des impératifs d'urgence qui dispensent de tout scrupule. Il est franchi quand l'efficacité l'emporte sur la justice, quand le cynisme se mue en posture intellectuelle et que l'indifférence devient une carapace morale. À force de détourner le regard, nous ne savons plus voir ; à force de justifier l'injustifiable, nous n'entendons plus les cris. Car le mal, dans nos sociétés dites éclairées, ne surgit plus vêtu de noir, armé de slogans tonitruants. Il s'insinue en douceur dans les algorithmes et les habitudes. Il se glisse dans le langage aseptisé des experts, dans les calculs froids des décideurs, dans les jugements hâtifs de l'opinion. Ainsi se banalise ce qui, hier encore, nous aurait révoltés. Nous croyons rester fidèles à nos principes alors même que nous avons cessé de les incarner.

Le danger moral qui nous guette n'est pas seulement celui de l'erreur, mais celui du renoncement. Renoncement à la nuance. Renoncement à l'exigence d'intégrité. Renoncement à la responsabilité d'un jugement personnel. C'est cette érosion souterraine mais continue qui affaiblit l'âme d'un peuple et prépare toutes les compromissions à venir.

Face à ce seuil, il ne s'agit pas de dresser un tribunal universel mais de rappeler qu'une société se juge à sa capacité à préserver l'intime dialogue de chacun avec sa conscience. La morale n'est pas un supplément d'âme pour temps de paix mais la boussole des temps incertains. Ce qu'il faut préserver, c'est l'espace fragile de la dignité intérieure, ce lieu où le pouvoir n'a pas prise, où l'individu se sait responsable devant la part la plus exigeante de lui-même. La France, qui a tant eu à cœur de partager avec le monde les droits de l'homme, doit retrouver ce souffle. Non pour donner des leçons, mais pour incarner une vigilance, une fidélité, une mémoire. Car voilà, peut-être, l'ultime rempart de la civilisation : la capacité à dire non quand tout semble appeler au consentement, à défendre l'humain quand il devient tentant de s'en abstraire.

L'altérité demeure le moteur essentiel de tout humanisme. Dire non à la négation de l'autre, c'est refuser la société close, alimentée par l'illusion qu'un intrus menacerait notre être collectif. Reconnaître l'autre dans son intégrité morale, c'est affirmer qu'aucune communauté ne peut exister sans cet engagement. À chaque renoncement, l'histoire montre que surgissent xénophobie, sectarisme, persécutions.

La révocation de l'édit de Nantes en est un exemple tragique. En 1685, Louis XIV signa la fin d'une relative tolérance religieuse : les protestants se trouvèrent alors persécutés, conduits à l'exil, appauvrissant la France de talents et d'esprits novateurs, tandis que s'ancrèrent rancunes et divisions durables. Cet acte, censé consolider l'unité du royaume, a en réalité fracturé la nation, scellant un seuil d'irréversibilité dont les effets se sont fait sentir à long terme. L'illusion d'homogénéité a cristallisé les tensions jusqu'à l'explosion, comme le prouvent tant de guerres civiles à travers l'Histoire. Au contraire, l'édit de Nantes, actant la paix religieuse conclue par Henri IV en 1598, était l'exemple même d'une politique du seuil : précaire, imparfaite, contestée – mais prudente.

L'histoire française, marquée par les guerres de Religion ou la montée des extrémismes, illustre à quel point la stigmatisation et la rigidité doctrinale alimentent les pires catastrophes. L'humanité ne progresse pas en érigeant des murs mais en élargissant sa conscience et sa solidarité. Plus que jamais la France doit se souvenir de cette leçon, car, dans la fragilité de l'État, de la République et de la nation, céder à la peur de l'autre conduirait à un point de non-retour. C'est peut-être l'ultime barrage contre la barbarie. Et il incombe à la France, qui en porte la mémoire, d'en assurer la garde.

Rendre les seuils vivables

Le deuxième impératif d'une politique des seuils, c'est de les rendre vivables, d'éviter les basculements. Difficile de vanter la modération à l'heure où triomphent tant de radicalités flamboyantes. Difficile de vanter la sobriété à l'heure de la démesure. C'est pourtant notre exigence première. On ne brusque pas des machines déjà fatiguées. Comme me l'expliquait un ingénieur d'une de nos grandes sociétés d'ingénierie lors d'une visite d'un site industriel, une turbine est un équilibre. Si une légère déviation se produit, la résonance de la vapeur dans la cuve peut générer des vibrations croissantes, jusqu'à la catastrophe. Il faut des équilibreurs attentifs et expérimentés, capables de corriger en permanence pour maintenir la machine sur son axe. J'ai le sentiment qu'un État relève du même souci, constant, cultivé par des serviteurs dévoués à l'intérêt général.

Qu'est-ce que cela signifie ? Est-ce la sagesse du petit père Queuille, une République du centrisme total ? Est-ce le macronisme et son « en-même-temps » ? Je crois que l'un comme l'autre se sont fourvoyés dans un conformisme prudent. Au contraire, ce qu'il faut, c'est une éthique de l'État, des agents formés, efficaces et exclusivement tournés vers le service public.

Il s'agit de corriger les excès de la logique majoritaire. Celle-ci finit par créer une mentalité du « 50 % + 1 seule voix », favorisant des alternances instables, des démocraties polarisées, où chaque mandature défait ce que la précédente avait tenté de construire. De nombreuses solutions existent évidemment, d'ordre constitutionnel. On pourrait imaginer un recueil de normes, relevant du même niveau de cohésion nationale et de garantie juridique, bien qu'elles n'aient rien à faire, en principe, dans un texte réglant le fonctionnement des institutions. Des lois stratégiques, sanctuarisées pour dix ou quinze ans, ne pourraient ainsi être modifiées qu'à une majorité écrasante, par exemple aux quatre cinquièmes. De même, notre pays gagnerait à privilégier quelques grands textes plutôt que de multiplier les microréformes sociétales. Enfin, dans le but d'éviter des alternances en essuie-glaces, pourquoi ne pas envisager de limiter l'abrogation d'une loi à une majorité supérieure à celle atteinte lors du vote initial ? Cela inciterait à bâtir de larges majorités pour garantir la stabilité.

Éviter les basculements, c'est finalement mettre en place des garde-fous. Il y a une illusion constitutionnelle, un rêve de juriste qui prétendrait contraindre une fois pour toutes la part aberrante de la volonté populaire. Certains référendums seraient interdits, certaines révisions de la Constitution impossibles. Sans doute vivrait-on plus tranquilles, mais la réalité est tout autre : une Constitution rigide meurt de ses raideurs, cristallisant les hostilités jusqu'à provoquer un rejet global. Une bonne Constitution vit, comme un temple édifié selon des normes antisismiques. Voilà pourquoi je ne souhaite pas une VIe République qui serait un signal de rigidité supplémentaire. Tirons les leçons du Chili, rejetant deux fois des projets extrêmes, l'un très à gauche, l'autre très à droite, pour finir par garder, par dépit, la Constitution existante. Au fond, il faudrait faire l'inverse. L'idéal serait un renouvellement du serment républicain, confirmant par le suffrage l'adhésion à la Ve République, plutôt que de rêver au grand soir institutionnel.

Rendre les seuils habitables

Le troisième impératif d'une politique des seuils, c'est de rendre les seuils habitables, c'est-à-dire d'humaniser notre condition présente. Habiter un seuil est plus exigeant que défendre une frontière. La frontière se protège ; le seuil oblige à se transformer soi-même, à ralentir, à renoncer parfois. Nous ne sommes pas la première génération à vivre sur ces seuils, mais nous sommes la première qui en prend pleinement conscience. Et notre mission est de nous interdire ce pas de trop vers le néant : vivre à minuit moins le quart, arrêter les pendules et vivre pleinement malgré tout.

Il nous faut donc une politique qui ne nie pas l'irréversible mais qui lui donne forme, le ritualise, l'institue comme une transition, une expérience partagée. Cela implique de repenser les temps du politique : non plus seulement la promesse ou la rupture, mais le seuil comme moment de décision grave et de responsabilité commune. Cette politique existe déjà, par bribes. On la devine dans certaines conventions citoyennes, dans des processus de justice transitionnelle, dans des démarches de réparation écologique. Mais elle manque de charpente, de langage, d'élan. Elle reste fragile.

Il faut donc retrouver le socle commun des principes, liberté, égalité, fraternité, laïcité, mais aussi durée. Parce que aujourd'hui, c'est de la durée que dépend la possibilité même de faire vivre et de transmettre nos principes, de ne pas les épuiser dans l'instant ni les dénaturer dans la précipitation. C'est le principe invisible, mais celui qui fonde en réalité toute entreprise constitutionnelle, qui en est l'âme. Ce n'est pas un pacte à durée déterminée, circonstanciel, c'est un lien entre les vivants, les morts et ceux encore à naître pour fonder du commun, dans la continuité. Jusqu'à aujourd'hui, personne ne pouvait douter de la durée, elle semblait aller de soi. Mais désormais elle est dans la main des hommes, pour le pire comme pour le meilleur, si elle devient un principe de responsabilité, une obligation de traiter notre planète et notre humanité comme un navire fragile, précieux, à l'équipage indispensable voyageant à travers les espaces infinis. Nous accomplirions ainsi la révolution copernicienne engagée au XVIe siècle en expulsant la Terre du centre de l'Univers, poursuivie par Darwin en destituant l'Homme de son piédestal pour le reléguer parmi les vivants ; et qu'il nous faut achever aujourd'hui par l'intégration du vivant et de la technique en dépassant la séparation entre nature et culture. Mais achever cette réflexion sur la durée implique de dépasser la seule perspective individuelle ou nationale. Il s'agit de reconnaître que nos choix présents engagent également ceux qui viendront après nous. La durée ne se réduit donc pas à la préservation des acquis, elle est la condition même d'une dynamique de progrès soutenable, où la liberté des uns n'hypothèque pas la liberté des autres, où l'égalité demeure vivante dans le temps, où la fraternité tisse un lien entre les générations. Bref, la durée nous oblige à concevoir une responsabilité élargie, qui n'est pas tournée vers l'ici et le maintenant mais vers l'ensemble du vivant et des humains à venir.

Les principes ne peuvent rien sans les institutions qui leur insufflent la vie. Ce sont elles les garanties de la mise en œuvre concrète de nos idéaux, sur le temps court de l'action quotidienne comme sur le temps long de la transmission et de la préservation. La durée impose de repenser la place de chaque institution dans le temps long, afin qu'aucune ne s'érige en pouvoir absolu ni ne soit cantonnée au rôle de simple exécutante. Il ne suffit plus de penser en termes de séparation des pouvoirs ; il faut lui adjoindre une logique d'anticipation. Anticiper les conséquences de nos choix sur plusieurs générations, inscrire dans nos institutions la capacité de représenter les droits de ceux qui ne parlent pas encore : les enfants, les écosystèmes, les générations futures, sur le modèle des nouvelles institutions des dernières décennies qui ont su faire leurs preuves, comme le Défenseur des droits. Garantir que notre héritage traditionnel ne se dégrade pas au fil des crises et des urgences. Ainsi, l'équilibre des institutions ne repose plus uniquement sur un jeu de freins et de contrepoids entre l'exécutif, le législatif et le judiciaire, mais exige une logique complémentaire : assurer la cohérence du projet républicain sur la durée, en protégeant les conditions mêmes de la liberté, de l'égalité, de la fraternité, de la laïcité et du progrès.

Une pensée de la durée doit se concevoir aussi à l'échelle mondiale. Car les seuils sont aujourd'hui planétaires. Ils ne sont plus l'apanage des grandes puissances. Le Sud global vit déjà l'heure du franchissement : montée des eaux, sécheresses, déplacements de populations, précarisation massive. Le Nord, lui, vit encore dans l'illusion d'un seuil évitable – mais pour combien de temps ? La fracture mondiale ne se réduira peut-être plus au seul plan économique ou technologique, mais aussi temporel : entre ceux qui subissent déjà le franchissement et ceux qui pensent encore pouvoir l'éviter. C'est pourquoi cette politique ne peut être technocratique. Elle doit être pédagogique, culturelle, spirituelle. Elle doit ouvrir un espace de conscience, de mémoire, d'imagination. Elle doit associer les peuples, inventer de nouvelles légitimités : assemblées intergénérationnelles, conseils du vivant, pactes de réparation, protocoles d'engagement. Une politique capable de représenter ceux qui ne parlent pas.

Plus que d'autres, les territoires d'outre-mer sont confrontés à l'urgence de rendre ces seuils habitables en raison d'une crise profonde, multiforme, héritée d'un passé qui ne peut être changé mais doit être regardé en face. Sur le plan économique, culturel, politique, la normalisation intégrale de ces territoires n'aurait aucun sens. Les différences de parcours sont réelles et méritent respect. Mais la rupture que certains indépendantistes appellent de leurs vœux ne reflète pas non plus l'aspiration des populations. Elle ne crée pas les conditions d'un rassemblement et ne peut s'appuyer sur une identité univoque. L'archipélisation de l'outre-mer, imposée par l'Histoire, est devenue leur chance pour l'avenir, fondée sur la coopération, l'autonomie et la pluralité. Une décennie s'ouvre. Nous ne pouvons reproduire la gestion confuse, parfois injuste, des conflits en Nouvelle-Calédonie, en Guyane ou en Guadeloupe. Il nous faut apprendre à vivre ensemble dans une transition de longue haleine, dont l'issue ne peut se dessiner qu'avec le temps. C'est cela aussi, habiter les seuils. Surtout, il faut redonner à la politique sa vocation première : décider ensemble de ce que nous voulons faire. Car tous les seuils ne sont pas à franchir. Certains sont des lignes rouges. D'autres, des lignes de fuite. Il faut réapprendre à tracer des limites. À dire non mais aussi à dire oui au risque mesuré, au passage assumé, à l'inconnu partagé.

La politique des seuils est une politique de l'attention. Elle impose d'écouter les signaux faibles, d'être attentifs aux fractures invisibles. Elle est aussi une poétique : une manière d'habiter l'entre-deux, sans précipitation ni paralysie, les yeux ouverts. Dans cette époque saturée de bruit, de fatigue, de vitesse, c'est bien cela qu'il faut reconquérir : l'intelligence du seuil, la capacité d'avancer sans renier, de transformer sans oublier. Une politique à la mesure du monde fini, à la hauteur de notre humanité fragile. Vivre sur le seuil, c'est retrouver l'équilibre. C'est renouer avec la mesure. Et pour cela, vivre au présent, car ni la nostalgie des grandeurs passées ni les promesses creuses des futurismes ne nous permettront de tenir. Cela requiert d'inscrire dans notre droit une ambition à la hauteur des peurs. Faire de la neutralité carbone en 2050 un objectif constitutionnel, contraignant et opposable. Reconnaître juridiquement les écosystèmes, protéger le cycle de l'eau, les sols fertiles, les forêts primaires. Non comme des ressources, mais comme des conditions d'habitabilité. Mettre fin à l'exploitation aveugle des richesses, en reprenant en main les secteurs stratégiques : énergie, eau, numérique, transports, alimentation. Il s'agit de redonner à la puissance publique les leviers de la transition. Non pour interdire, mais pour planifier lucidement. Nous devons augmenter les espaces sanctuaires pour la biodiversité et protéger au moins 25 % du territoire, contre l'engagement diplomatique actuel de 17 %. Relocaliser ce qui est vital. Désinvestir ce qui est toxique. Simplifier là où c'est possible. La politique doit redevenir puissance d'orientation, non simple gestion de flux. Et dans un monde fragmenté, instable, la France et l'Europe doivent se poser en architectes des biens communs, avec une diplomatie climatique active, proposant des alternatives à la brutalité impériale.

Cette transition ne suffira pas si la démocratie continue de s'éroder en bavardages ou en gestions sans vision. Il faut rétablir la souveraineté populaire dans sa plénitude. Redonner du poids à la parole citoyenne, du temps à la délibération et de la clarté à la décision. Le Parlement ne peut rester une chambre d'enregistrement. Il doit redevenir le cœur battant du débat démocratique. Le gouvernement ne peut plus gouverner seul, à coups d'ordonnances ou de décrets. Il doit accepter l'épreuve du dialogue et se soumettre à l'exigence de cohérence. Les citoyens doivent intervenir : par référendum, par convention, par initiative directe. Les collectivités territoriales doivent être émancipées de leur tutelle implicite, dotées de moyens, d'autonomie, d'une capacité d'expérimentation. Dans chaque quartier, chaque village, il faut raviver le sentiment d'une citoyenneté concrète, visible, active. Et les contre-pouvoirs doivent être protégés : les médias, la justice, les syndicats, les associations. Ils ne sont pas des obstacles, mais des gardiens. Sans eux, la démocratie devient façade. Avec eux, elle respire.

La République des vivants doit être une République vivable. Habiter le seuil ne peut signifier vivre sur la sellette. Habiter les seuils est une tâche collective, mais c'est aussi une demande individuelle, la possibilité pour chacun d'une vie bonne. La souveraineté doit aussi se penser à hauteur d'homme. Que vaut la liberté si elle n'est pas vécue ? Que vaut l'émancipation si elle reste inaccessible ? Dans le monde qui vient, il faudra garantir à chacun de quoi vivre dignement et choisir sa voie sans être assigné à sa condition. Cela suppose une fiscalité équitable, qui redistribue tout en valorisant l'effort afin de donner un accès réel aux droits fondamentaux : l'éducation, la santé, le logement, l'emploi, la mobilité.

Aujourd'hui, dans toute l'Europe, la carence de logements étrangle la jeunesse, aggrave la précarité et plombe le budget des ménages. La priorité doit être donnée à la construction de logements neufs et à la rénovation de logements anciens, à la fois pour répondre à la demande et pour remplacer les passoires thermiques qui menacent la santé de leurs occupants et alourdissent notre empreinte carbone. En France, nous avons besoin d'un plan sur cinq ans programmant et finançant la construction effective de 500 000 logements par an. Dans un monde désormais dominé par les algorithmes et l'intelligence artificielle, il faudra aussi affirmer de nouveaux droits : la transparence des systèmes, la maîtrise des données personnelles, le droit à l'explication.

Sachons rester fidèles à nos grands équilibres. La Constitution de la Ve République est notre contrat collectif, mais c'est le Conseil national de la résistance qui reste notre pacte fondateur. C'est le moment où solidarité et liberté ont fusionné, où l'émancipation et la protection de l'individu ont progressé ensemble, un instant de cristallisation dont nous héritons toujours. Nous devons sans cesse avancer, tels des cyclistes, pour garder l'équilibre. Sa perte explique une part de nos malheurs récents. Certains veulent un équilibre immuable, au risque de le briser. D'autres estiment qu'il faut débrider l'entreprise, la croissance et la compétition, sans voir que c'est un faux mouvement, celui d'un illimitisme prédateur.

L'équilibre doit redevenir le pivot de notre modèle économique. Un modèle adapté aux défis actuels ne peut tout miser sur la performance, sur une croissance poussée à l'extrême, sur l'accroissement des inégalités, sur des chaînes d'approvisionnement de plus en plus fragiles. De crise en crise nous découvrons les vulnérabilités profondes que ces choix entraînent. Il ne s'agit pas non plus de déterminer quels secteurs sacrifier pour en privilégier d'autres, comme l'industrie ou la technologie. L'image souvent évoquée de l'« écosystème » illustre bien cet enchevêtrement complexe d'acteurs interdépendants où l'on ne peut gagner en opposant les uns aux autres. La force européenne, et plus particulièrement française, réside dans le dynamisme de ses acteurs de taille moyenne, PME et ETI, qui assurent l'innovation et l'irrigation des territoires. Ce sont eux qui doivent constituer le socle de notre économie. Nos grands groupes représentent également une chance, en particulier dans le secteur bancaire, mais ils doivent servir le développement des territoires et du pays tout entier. Nous avons besoin d'un modèle agricole robuste et vivant, assurant la souveraineté alimentaire, capable de fournir la quantité, la qualité, la durabilité et la santé. Ce modèle doit reposer sur des garanties solides, des cadres collectifs et, pourquoi pas, sur la mise en place de volumes garantis pour préserver un maillage dense d'exploitations de taille moyenne. Nous avons également besoin d'un modèle industriel s'appuyant sur des entreprises de taille intermédiaire, accordé à notre capitalisme familial autant qu'à l'économie sociale et solidaire. Cela implique de multiplier les structures mutualisées, soutenues par les pouvoirs publics, afin de renforcer notre capacité d'exportation ou d'implantation européenne et de diffuser largement l'innovation, à l'image des pôles de compétitivité. Nous devons persévérer dans la voie tracée par la French tech, avec de réels succès, même si beaucoup restent à confirmer et si les prochaines années s'annoncent difficiles. La clé demeure l'accès aux capitaux, mais plus encore l'évolution des mentalités vers l'acceptation du risque et l'apprentissage par l'échec. Notre culture de la peur de la faillite et de la réticence aux secondes chances doit être surmontée.

L'équilibre vaut aussi pour notre politique énergétique en pleine transformation. À quoi bon ces grandes bascules, un jour couvrir la France d'éoliennes et de panneaux solaires nous rendant dépendants de la Chine, le lendemain multiplier les centrales nucléaires dont on ne maîtrise ni le coût ni les délais ? Là encore, l'équilibre, pourtant essentiel, n'est pas vendeur. On préfère cliver entre pro-éolien et pro-nucléaire, dans le confort d'une pensée polarisée. Or l'électricité exige l'équilibre entre une offre et une demande mouvantes ; entre un présent dépendant des énergies fossiles et un futur à décarboner au plus vite. Sur des enjeux aussi décisifs, engageant l'économie et l'environnement de notre pays sur un demi-siècle, il faut restaurer du consensus. Il n'y a que deux moyens de le faire : le référendum ou une loi de programmation super-majoritaire, à l'abri d'abrogations soudaines.

L'équilibre, c'est enfin la clé de notre politique territoriale. Quel sens y a-t-il, là encore, à devoir choisir entre les métropoles et les périphéries, chacun parant les unes de toutes les vertus, les autres de tous les vices, sans visiblement s'apercevoir qu'elles n'existent que l'une à travers l'autre ? L'enjeu est bien plutôt de rallumer une politique d'aménagement du territoire qui ne se résume pas à des règlements inapplicables mais soit un véritable pilotage, anticipant les besoins démographiques, économiques, sociaux et mobilisant capitaux publics et privés au service de la cohésion nationale. Cela passe par une ambition ferroviaire, une clarification des obligations autoroutières, pour installer des bornes de recharge électrique à des tarifs raisonnables, et surtout préparer la renégociation des concessions autoroutières à partir de 2031 à 2036, pour ne pas répéter nos erreurs successives du passé, en empêchant les asymétries informationnelles et les rigidités face à l'adaptation aux chocs économiques extérieurs qui ont joué en faveur des sociétés autoroutières. L'aménagement du territoire doit aujourd'hui être la politique d'équilibre par excellence, alliant limitation et adaptation au changement climatique, réduction des fractures démocratiques et déploiement de notre potentiel économique. Il doit devenir la compétence centrale d'un Conseil des territoires qui, à l'image du Conseil des ministres, réunirait deux fois par mois, autour du président de la République, l'ensemble des présidents de Région.

Habiter les seuils : c'est également l'horizon d'une politique réaliste de l'immigration. L'idée d'une ouverture sans contrôle est aussi irréaliste que celle d'une immigration zéro ou de 100 % d'expulsions. Il s'agit de stabiliser la situation existante, de renforcer nos capacités d'action collective pour surmonter ce sentiment. Cela signifie une identification améliorée, une répartition et un suivi de la population étrangère effectivement présente sur le territoire à l'échelle des régions, une mise en œuvre plus rigoureuse des obligations de quitter le territoire français, en lien avec une diplomatie proactive vis-à-vis des pays d'origine. Il serait envisageable de négocier, pays par pays, des accords de quotas liant la délivrance de visas au retour de personnes sous OQTF. Enfin, il est indispensable de reprendre une politique d'intégration volontariste qui mette l'accent sur la langue, le logement et le travail.

Rien de tout cela ne tiendra si nous ne savons pas réparer notre lien collectif. La République ne se maintient pas par la seule loi. Elle est la mise en commun d'un « nous », un tissu que ni la technique ni l'économie ne peuvent, à elles seules, tisser. Il nous faut retrouver une unité qui ne soit pas uniformité, un commun respectant les différences sans les dissoudre. La laïcité doit être défendue non comme une arme, mais comme une promesse républicaine. Elle protège toutes les consciences, garantit la neutralité de l'État, rend possible la coexistence dans le respect. Il n'y a pas d'avenir républicain sans une pluralité assumée. Cela suppose de réinvestir les lieux d'échange et de partage : les bibliothèques, les centres sociaux, les maisons de la culture, les espaces de dialogue. Cela suppose aussi de restaurer un pacte entre les générations : que les jeunes aient leur place, que les aînés soient considérés et écoutés. Que chacun puisse se projeter dans la société et s'y reconnaître.

Car la nation n'est pas un réflexe. C'est un projet. Elle naît d'un engagement commun et se bâtit au quotidien. Elle doit redevenir une puissance qui élève, protège et unit. Ce qui est proposé n'est pas un idéal inatteignable. C'est un horizon de responsabilité. C'est l'appel à renouer avec ce qu'il y a de plus précieux en nous : la capacité à dire « nous » et à décider ensemble.

III

La République des vivants : rassembler, gouverner et réformer

Aujourd'hui, l'enjeu n'est pas le programme, mais la méthode et la vision. Les programmes s'empilent, faits de promesses qui n'engagent trop souvent que ceux qui les écoutent, faits de propositions qui, sans majorité parlementaire, sans incarnation présidentielle, restent lettre morte. Dans la situation actuelle, personne ne peut être sûr de disposer de l'une et de l'autre.

Dans la précarité des seuils, il est urgent de faire atterrir la politique qui, sinon, obéit toujours à sa propre inflation : combattre l'incrédulité par des promesses encore plus formidables, attirer l'attention à tout prix, discréditer l'adversaire. On ne peut pas faire disparaître ces travers, le forum n'est jamais loin de la foire d'empoigne. Mais il n'est pas interdit de résister à la tentation. J'ai cherché à montrer que l'État-nation démocratique et libéral est confronté à un défi existentiel entre l'abandon et la fidélité à ses principes. L'Histoire n'est pas terminée, elle nous met en demeure d'accomplir un sursaut lucide et courageux. Quelle est aujourd'hui notre équation politique ? Deux camps s'affrontent désormais pour dessiner l'avenir de nos démocraties.

Le premier camp, celui de la Contre-Révolution, veut abolir l'héritage des Lumières. Il veut restaurer l'ordre par la peur et imposer la soumission, en exaltant le mythe d'une pureté originelle. C'est un camp réactionnaire même s'il est hétéroclite, mêlant l'ultra-conservatisme religieux, le populisme identitaire et jusqu'au techno-libertarisme. Il rejette la liberté au nom d'une identité figée et refuse la diversité au profit d'une vérité unique. Il est dangereux parce qu'il est déterminé. Il parle aux instincts, flatte les colères, promet un ordre fondé sur la domination. Et il est international : l'islamisme, le néo-tsarisme russe, le néo-impérialisme américain portent tous une même défiance envers la liberté moderne.

Le deuxième camp, celui des enfants de la Révolution, est aujourd'hui divisé. Il compte certes son lot d'égarés qui croient hâter le bien en choisissant la violence. C'est la maladie du gauchisme, qui conduit à se nourrir de discours partisans polarisés jusqu'à vouloir justifier l'injustifiable. Mais en dehors de ce phénomène marginal, il compte d'un côté ceux qui veulent prolonger l'élan révolutionnaire, de l'autre ceux qui veulent consolider les acquis pour préserver le centre face aux dérives autoritaires. L'enjeu est double : maintenir l'unité la plus large possible entre ces deux courants, seule chance de l'emporter dans des démocraties où l'illibéralisme progresse ; et faire émerger une lecture exigeante, capable d'exercer le pouvoir sans trahir ses principes. Articuler la conquête du pouvoir à l'exercice du pouvoir demeure depuis longtemps l'impensé de la politique en France. Le second est systématiquement sacrifié à la première, c'est toute mon expérience de la politique et de l'État. Il ne faut se tromper ni d'adversaire ni d'objectif. L'époque n'est pas à rejouer les drames de l'Histoire ni à en faire table rase en croyant qu'il suffirait de désigner les coupables pour soulager les blessures.

Sur une planète fragile, dans une République fragile, le camp du progrès responsable cherche une sagesse nouvelle. Il ne veut ni une révolution totale, ni un retour figé à l'ordre ancien. Il aspire à une modernité consciente de ses limites, attentive à l'épuisement des ressources, à la vulnérabilité des sociétés, à la fragilité des individus. Il veut bâtir un humanisme écologique, une économie des communs, pour faire naître une République des vivants.

Rassembler : faire atterrir la politique

Il ne s'agit plus de conquérir le monde ou d'accélérer sans fin, mais d'apprendre à l'habiter. Il ne s'agit plus d'étendre la souveraineté, mais de l'enraciner dans le réel. Car ce que nous devons préserver aujourd'hui, ce ne sont pas seulement des institutions, mais des manières de vivre ensemble. Ce camp, le nôtre, n'a pas encore trouvé ses mots, ni ses voix, ni sa forme politique. Mais il a commencé à chercher. Face aux empires sans frontières, il faut refonder une République des Lumières. Une République qui assume les limites de la puissance humaine, qui sache dire non à l'exploitation sans fin, à la marchandisation de l'intime, à une technocratie détachée de toute éthique. Mais aussi une République capable de dire oui à la transmission, à la diversité, à une certaine lenteur du monde et à sa beauté. Face aux dévoiements de l'invocation du peuple et à la montée des revendications identitaires, il faut réarmer la démocratie. Non par la force, mais par la confiance retrouvée. Redonner du sens au suffrage, de la cohérence au débat, de la clarté à l'action publique. Il faut réhabiliter les corps intermédiaires, valoriser les appartenances choisies, renforcer les solidarités concrètes. Réconcilier la nation avec elle-même, sans céder à l'exclusion ni au ressentiment.

Faire atterrir la politique, c'est réancrer la République, c'est rassembler et rallier autour d'elle pour apaiser notre pays. L'instabilité chronique entre camp révolutionnaire et camp contre-révolutionnaire ne peut s'apaiser qu'en restaurant l'équilibre entre nos principes. Pierre Mendès France le rappelait devant l'Assemblée nationale en 1954 : « Le plus difficile en politique n'est pas d'atteindre les extrêmes, mais de rester sur une ligne droite, rigoureuse, équilibrée. » Une grande partie de nos malheurs collectifs est née de la perte de cet équilibre. Face aux menaces extérieures, nous avons connu le doute. Le doute sur qui nous sommes nous a fait oublier la vraie question à laquelle répondent nos principes républicains : que voulons-nous être ? La tentation de transformer ces principes en valeurs nous a conduits à les apprécier à l'aune de la valeur que nous nous donnons à nous-mêmes. Liberté, Égalité, Fraternité, Laïcité n'étaient pas suffisants comme projets, il fallait en faire des armes et des murs contre les ennemis supposés et tous ceux qui nous semblaient menaçants du fait même qu'ils étaient étrangers. Les principes sont la source du droit et de la paix. Les valeurs brandies sont souvent source de guerre et de violence. Rarement l'écart entre ces deux visions de ce qui nous fonde aura été aussi évident qu'aujourd'hui. De la liberté nous avons fait un étendard plus exigeant à l'extérieur qu'à l'intérieur de nos frontières, transformé en revendication universelle sur les régimes du monde entier, la même qui poussa les Américains à la guerre en Irak, la même qui produisit, en mélangeant les objectifs, des résultats si décevants, aussi bien dans la vague des Révolutions de couleur que lors des Printemps arabes. De l'égalité nous avons fait une plateforme de revendications et non un édifice de progrès. De la fraternité nous avons fait un conformisme social. De la laïcité, un filtre pour repérer et détruire tout ce qui dévie de notre vision du monde. Loin d'être le code vestimentaire de la République, la laïcité a vocation à être le socle de la liberté de conscience de chacun. Cela signifie que chacun doit pouvoir la revendiquer, la comprendre, la vivre. Plutôt que d'un comité, d'un commissariat, d'un observatoire ou de porte-voix autoproclamés, la laïcité a sans doute besoin aujourd'hui d'un ordre juridique particulier, articulant notamment les cours concernées, administratives, constitutionnelles et civiles, puisqu'elle met en jeu une liberté individuelle. Cet ordre serait coordonné par un Défenseur de la laïcité susceptible de répondre aux demandes des particuliers ou des institutions, de réintroduire du contradictoire et de la réflexion. Il aurait un rôle de pédagogue, de médiateur et de juge de paix concernant les questions souvent complexes, parfois byzantines, semble-t-il inépuisables, qui touchent à la laïcité.

C'est dans cette fidélité aux principes que nos institutions seront capables de rassembler tous les Français et d'unifier la nation. Cette logique de l'unité invite aussi à remodeler nos procédures de décision. Il ne s'agit pas d'alourdir la démocratie mais de l'approfondir, en l'ancrant dans un temps plus vaste que celui de l'émotion immédiate ou de la conjoncture. Faire en sorte que chaque loi, chaque réforme, chaque plan d'action tienne compte des besoins de ceux qui viendront après nous. Déjà, nombre d'institutions ont en charge ce temps long, la Cour des comptes, France Stratégie, le Haut Conseil pour le climat ou encore le Conseil économique, social et environnemental. À l'échelon territorial, les collectivités et les autorités de régulation pourraient se voir confier des responsabilités accrues pour protéger activement les ressources naturelles et les infrastructures dont dépend la résilience du pays. Il s'agit de renforcer la délibération collective, afin que chaque décision rencontre sa juste échelle et réponde à une exigence plus large que le seul présent.

Toutes les idées doivent être entendues, toutes doivent recevoir une réponse, sans être rejetées par un geste hautain. Au fond, c'est la démarche du général de Gaulle, sûr de ses principes, habité par « l'angoisse et la grandeur » de la France, mais capable d'ouvrir des perspectives neuves, parce qu'il pensait l'Histoire plutôt que le jeu politicien. La France, pour lui, n'était pas éternelle par nature, mais par volonté, par transmission, par l'engagement de chaque génération. Parce qu'elle était suffisamment grande pour qu'il se trouve à chaque étape des femmes et des hommes pour l'incarner, la perpétuer, la relever quand il le fallait. Éviter les basculements, c'est aussi créer des contrepoids. À l'heure des pulsions majoritaires, des vérités définitives, rapides, il faut des lieux consacrés à la lenteur et au dissensus. Car le meilleur chemin vers le consensus n'est pas le conformisme, mais le pluralisme, le dialogue permanent, la palabre, en somme, lente, certes, mais productrice de consentement, mieux encore : d'adhésion.

C'est la sagesse primordiale de l'humanité, celle des sociétés premières, où aucun État n'imposait sa loi, où l'autorité se fondait sur la continuité et l'arbitrage. Pas si éloignée, en somme, de ce que la

Ve République offrait à l'origine. Quand le doute grandit sur la raison, ce n'est pas à l'État d'imposer la vérité, c'est à l'éducation populaire de reprendre le flambeau, avec la conviction que le meilleur doit être offert à tous, le meilleur de la culture et du savoir. Mais on pourrait aller plus loin, en faisant le choix, à divers niveaux, de valoriser institutionnellement les opinions minoritaires, comme le fait par exemple la Cour suprême américaine aux États-Unis. La minorité accepte de s'incliner devant la majorité, mais en exposant publiquement ses raisons, qui, parfois, façonneront les décisions futures.

La dynamique institutionnelle s'articule autour de deux mouvements complémentaires : le mouvement vertical, où l'État conserve sa vocation à fixer le cadre républicain et à garantir la solidarité, et le mouvement horizontal, où la société civile, les collectivités et les corps intermédiaires prennent en charge une partie de la mise en œuvre, au plus près des réalités et dans le respect de l'intérêt général. Rassembler, c'est fortifier les corps intermédiaires et les territoires, régler avec soin l'articulation entre ces deux mouvements pour que la capacité d'initiative locale ne contredise pas l'unité nationale, et que l'ambition nationale ne détruise pas la diversité des approches. De la sorte, l'unité devient cette colonne vertébrale qui soutient à la fois la liberté et la solidarité, l'égalité et la laïcité, en y ajoutant une exigence de respect envers les générations futures et envers ce « vivant » dont nous faisons pleinement partie. Dans un monde aux équilibres précaires, seul un État lucide, agile et durablement ancré dans le temps peut préserver la cohérence de la nation et de son peuple, protéger ses communs, et maintenir l'habitabilité du territoire pour ceux qui viendront après nous.

Mais en définitive, le véritable garant de l'unité de la nation, c'est le président de la République. C'est à lui qu'il revient d'éteindre la machine à diviser. Entre les Français, entre les partis comme entre les pouvoirs. Or c'est de lui que provient, depuis vingt ans, une grande part de la polarisation, car il porte une dérive des institutions vers une présidence partisane, hyperactive, électoraliste. Depuis 2007, nous avons basculé dans un présidentialisme majoritaire avec un président chef de parti, chef de majorité, et une coïncidence de l'élection présidentielle et des élections législatives qui donne aux premières la priorité sur les secondes, sans doute sous l'inspiration américaine et par résignation face à des évolutions déjà engagées. Car, à vrai dire, un premier dévoiement des institutions avait eu lieu lors de l'arrivée au pouvoir de François Mitterrand en 1981 qui, en dissolvant l'Assemblée nationale, s'assurait une victoire électorale mais liait désormais le destin du président et de la majorité dans une présidence à éclipses : temps fastes de conjonctions des majorités, temps néfastes des cohabitations.

Le résultat de cette évolution est le discrédit des partis, leur abaissement à de simples écuries présidentielles sans vie interne significative. On voit aujourd'hui où cela conduit. Une emprise presque totale sur la conduite de l'État avec pour résultat que l'exécutif prime sur tout, que le Parlement se restreint trop souvent à un rôle d'enregistrement, et que les citoyens, désabusés, assistent à une personnalisation sans frein. Cette dérive, loin de rendre le président plus fort, l'épuise. Elle le change en chef d'équipe, submergé par les détails et les arbitrages internes, tout en affaiblissant son autorité quand la majorité se délite ou s'effondre dans l'impopularité.

Il est temps de revenir à la lettre de la Constitution : « Le président de la République veille au respect de la Constitution. Il assure, par son arbitrage, le fonctionnement régulier des pouvoirs publics ainsi que la continuité de l'État. » C'est tout – et c'est l'essentiel : la continuité de l'État. Nulle part il n'est fait mention de sa contribution directe et constante au gouvernement. La Constitution de 1958 n'a pas instauré un principe de double majorité, qui obligerait, pour gouverner et réformer, à disposer à la fois de la majorité des suffrages à l'élection présidentielle et d'une majorité de députés issus des élections législatives. Ni même, à proprement parler, un exécutif à deux têtes. Dans le discours de Bayeux, le général de Gaulle exprimait dès 1946 sa doctrine avec autant de clarté que de subtilité : « C'est donc du chef de l'État, placé au-dessus des partis, [...] que doit procéder le pouvoir exécutif. » Procéder de lui, et non être exercé par lui. « Au chef de l'État la charge d'accorder l'intérêt général quant au choix des hommes avec l'orientation qui se dégage du Parlement ; à lui la mission de nommer les ministres et d'abord, bien entendu, le Premier, qui devra diriger la politique et le travail du gouvernement. Au chef de l'État la fonction de promulguer les lois et de prendre les décrets, car c'est envers l'État tout entier que ceux-ci et celles-là engagent les citoyens ; à lui la tâche de présider les conseils du gouvernement et d'y exercer cette influence de la continuité dont une nation ne se passe pas ; à lui l'attribution de servir d'arbitre au-dessus des contingences politiques, soit normalement par le conseil, soit, dans les moments de grave confusion, en invitant le pays à faire connaître, par des élections, sa décision souveraine ; à lui, s'il devait arriver que la patrie fût en péril, le devoir d'être le garant de l'indépendance nationale et des traités conclus par la France. » Chacun peut comparer cette vision à l'exercice réel, quotidien des institutions : nous sommes loin du compte.

Restaurer la République, c'est donc rétablir l'équilibre institutionnel et remettre le président à sa juste place, celle d'une figure d'unité, assise sur la légitimité directe du peuple, capable de trancher et de dire « non » à la confusion, sans jamais céder à l'esprit de parti.

C'est redonner au chef de l'État toute sa stature, le détacher des logiques partisanes pour le réinstaller dans son rôle d'arbitre impartial. De plus en plus, au cours des dernières années, les présidents successifs ont été tentés de conserver un lien actif avec leur formation d'origine. Il est essentiel de s'en affranchir complètement pour devenir pleinement président de tous les Français. Un engagement à rester en dehors et au-dessus des formations politiques est nécessaire. Il pourrait d'autant mieux inspirer les grands caps, tracer les orientations et veiller à la cohésion de la nation. Faut-il aller plus loin et prévoir un engagement à ne pas dissoudre l'Assemblée dans l'année suivant l'élection présidentielle ? Cela permettrait en tout cas à l'Assemblée de redevenir le cœur vivant de la démocratie, le lieu où se négocient et s'élaborent les majorités sur des projets précis. Les partis, ainsi contraints de construire des alliances, stimuleraient le débat et la fertilité des idées, plutôt que de s'arc-bouter en blocs rivaux dans l'attente d'un ordre venu d'en haut.

Les pouvoirs présidentiels – dissolution, référendum, état d'urgence – doivent redevenir des instruments de déblocage, quand le fonctionnement régulier des institutions est compromis. Lorsque le gouvernement ne peut plus réunir de coalition stable ou que l'Assemblée s'enlise dans l'irréconciliable, le président, désormais au-dessus des appartenances, renvoie en dissolvant l'Assemblée la décision aux Français, juges ultimes des équilibres à venir. De même, le référendum recouvre la plénitude de sa portée : non plus un plébiscite ou un geste d'affirmation personnelle, mais un recours à la volonté directe du peuple pour sceller un choix vital, lever un doute profond ou trancher un chantier essentiel, en toute lucidité. Ni captation partisane ni contournement du Parlement, simplement l'exercice authentique du peuple souverain appelé à dire « oui » ou « non » lorsque la nation l'exige. C'est la condition pour remettre l'action au centre du jeu républicain.

Au cœur de la promesse républicaine de rassemblement se trouve, en effet, un principe d'action. C'est le double serment d'assurer l'ordre et la justice. L'ordre, ce n'est pas l'autoritarisme, c'est le respect des règles et l'efficacité des institutions. Un État qui tient ses engagements protège sans brutaliser, connaît son territoire et ses habitants, y compris ceux qui sont en situation irrégulière, car on ne gouverne pas dans l'ignorance. L'ordre, c'est une chaîne pénale cohérente, une justice respectée, une police et une magistrature qui coopèrent au lieu de trop souvent s'accuser mutuellement.

La sécurité est une demande légitime de nos concitoyens, tant l'insécurité est une lèpre, en ce qu'elle attise la méfiance des uns envers les autres et détruit la confiance de tous dans l'État. J'ai été ministre de l'Intérieur et je mesure la lourdeur de la tâche, la multiplicité des dangers à chaque instant, le dévouement des forces de police et de gendarmerie au service de tous leurs concitoyens. Comme à notre habitude nous nous sommes enferrés dans des débats théoriques : proximité ou répression, responsabilité ou efficacité, maintien de l'ordre ou lutte contre la délinquance, police ou justice, comme si tous ces éléments ne devaient pas être tenus à chaque instant ensemble par une main qui ne tremble pas, qui ne varie pas. Il est nécessaire aujourd'hui de mieux articuler et différencier les niveaux de réponse et de présence policière, en raisonnant en termes de missions et non de statuts. Une régionalisation – voire parfois une métropolisation – du maintien de l'ordre pourrait permettre plus de souplesse et plus de réactivité locale, en articulant polices municipales repensées et forces régionales destinées aux patrouilles, aux verbalisations et au maintien de l'ordre, et police nationale et gendarmerie, concentrées davantage sur les tâches de police judiciaire. Pour structurer la chaîne pénale tout en garantissant mieux l'indépendance de la justice, un procureur général de la République devrait être élu par le Parlement réuni en congrès et lui faire un rapport annuel de la situation pénale du pays.

Le crime organisé est un défi majeur aujourd'hui. Parce qu'il incarne le point de rencontre de la logique marchande mondialisée – un cinquième de l'économie mondiale est illégale et souterraine – et de la logique criminelle. Parce qu'il est en forte croissance dans toute l'Europe et notamment en France, comme le montre la hausse importante des assassinats, symptôme de l'affaiblissement de l'État. La clé de la réponse, c'est de mettre au cœur d'un « plan antigang » la cohérence, la coordination et la détermination, comme nous l'avions fait en 2002 pour les Groupes d'interventions régionaux (GIR), en mettant en commun l'action des douanes, de l'administration pénitentiaire, des services de renseignement, la coopération judiciaire internationale et celle de l'ensemble des services de police. Cela suppose un chef de file clairement identifié sous l'égide des ministres de l'Intérieur, de la Justice et des Finances. Cela suppose aussi une stratégie de protection des témoins et des repentis ainsi que des juridictions renforcées, à l'instar du Parquet national anticriminalité organisée.

La justice sociale, de son côté, commence par la reconnaissance du mérite et de l'effort de chacun. Elle suppose une fiscalité juste, lisible, ce qui implique une réforme en profondeur et pas seulement des ajustements techniques. Elle suppose aussi un État social moderne, qui accompagne sans uniformiser vers l'emploi, la formation, la dignité. La République ne doit plus être un distributeur aveugle, mais une promesse politique incarnée, adaptée à chacun.

Le travail ne paie pas. Le travail est en danger. Ce sont les deux constats que font les Français. Le travail ne paie pas, car les cotisations sociales – salariales et patronales – érodent le revenu net, créant un effet de ciseaux : pour un euro versé au salarié, l'employeur en dépense deux. D'où un piège des bas salaires, aggravé par des dispositifs de réduction concentrés autour du smic, qui freine toute dynamique de progression. Le travail est en danger, car la transformation rapide de l'économie déséquilibre profondément le rapport entre capital et travail. La digitalisation, la robotisation, et demain l'intelligence artificielle menacent l'emploi humain et préparent une société de la pénurie de travail.

Il faut rééquilibrer, en veillant à ne pas alourdir le fardeau fiscal global. Cela suppose de mieux répartir l'effort de solidarité : non plus en taxant toujours davantage le travail, mais en responsabilisant la production. Une réforme est possible. Elle consisterait à remplacer une partie des cotisations sociales par une contribution modulée sur la valeur ajoutée des entreprises, à fiscalité globale constante. Cette contribution financerait à parts égales : une hausse des salaires nets par la baisse des cotisations salariales ; un allègement du coût du travail par la réduction des charges patronales ; et un investissement dans la transition vers l'économie automatisée en renforçant la formation professionnelle et les mesures d'accompagnement. Ce n'est ni une taxe de plus ni un saut dans l'inconnu : c'est un rééquilibrage, une réorientation, une réponse lucide à un avenir qui s'accélère. C'est le choix d'une société où le travail reste au cœur de la dignité, de la justice et de l'émancipation.

Gouverner : l'État face au réel

André Tardieu l'écrivait avant-guerre dans une IIIe République en proie au doute : « Lorsqu'un régime politique entre en décomposition, la première manifestation du mal apparaît dans l'impuissance à gouverner. Le débat politique devient stérile, les forces centrifuges l'emportent sur l'intérêt général, et ceux qui gouvernent, ou croient gouverner, en viennent à oublier que la politique est l'art de résoudre les problèmes de la société. » Pour accomplir le retour à l'équilibre, il faut revenir aux fondamentaux. La tâche des élus est claire : gouverner et réformer. Gouverner, c'est comprendre l'appareil d'État, respecter ses agents, ses rythmes et valoriser les compétences qu'il porte. C'est redonner aux concours leur rôle central, réhabiliter les vocations républicaines. C'est garantir à tous un accès effectif au droit et à l'information. À l'heure des données, gouverner, c'est savoir ce que l'on mesure et ce que l'on choisit d'ignorer. Gouverner, c'est réconcilier les Français autour d'un État véritablement en action. L'État est aujourd'hui à la fois le problème et la solution. Le problème, parce qu'il porte une culture de brutalité, d'opacité, de hauteur qui l'a poussé à préférer la machine au vivant et le collectif au commun, ce qui l'a amené, souvent, à détruire pour unifier, des langues aux paysages. Mais il est le seul levier d'action et le seul garant de l'unité. Il est l'opérateur de la reproduction sociale consciente et volontaire qui a remplacé la reproduction sociale aveugle et inerte du passé. Il a pour missions la continuité et le changement, en permettant à la société de se perpétuer de génération en génération, tout en réduisant ses imperfections et ses injustices. Depuis plusieurs siècles, ce qui tient ensemble les Français, c'est leur État. En France, l'État a précédé la nation et ils se sont engendrés mutuellement. Quand l'État cesse d'avancer, de répondre à l'intérêt général, la nation se défait et se déchire. Or les symptômes de l'immobilité de l'État sont là, ils deviennent bien vite un diagnostic d'impuissance. Ces signes, on les retrouve au-delà de la France, dans toutes les sociétés démocratiques postindustrielles, c'est donc qu'il se passe quelque chose de plus profond qu'une simple crise nationale.

Premier symptôme, les grands projets d'infrastructures sont englués. Les programmes accumulent des retards qui se comptent en années, parfois en dizaines d'années, et les prix sont multipliés en cours de route. En France, c'est le programme nucléaire, victime de la perte d'expertise et de compétences, qui l'illustre le plus brutalement. L'autoroute A69, le chemin de fer Lyon-Turin, tout semble figé dans l'entre-deux du ni oui ni non. En Allemagne, c'est le feuilleton de la construction de l'aéroport de Berlin ou de l'aménagement de la plateforme de Stuttgart 21, toujours pas achevée alors qu'elle a été conçue il y a près de vingt-cinq ans. En Italie, le pont entre le continent et la Sicile, à Messine, rêvé et prévu déjà par Roger II au XIIe siècle, a été relancé puis mis en sommeil par chaque gouvernement du dernier quart de siècle. En France comme ailleurs en Europe, les constructions d'usines nouvelles s'enlisent dans des procédures sans fin.

Là s'exprime une réelle réussite d'Emmanuel Macron : avoir su répondre au défi des Jeux olympiques de Paris 2024 et réussi la reconstruction de

Notre-Dame en cinq ans. Mais cette victoire spectaculaire pose une question plus profonde : est-ce que nous acceptons que l'État ne fasse aboutir que des projets exceptionnels tandis que l'ordinaire de la vie publique s'enlise dans l'impuissance ? Peut-être l'une des raisons de cet enlisement est-elle à chercher du côté des projets eux-mêmes ? Peut-être avons-nous pris l'habitude de multiplier les initiatives à outrance, dans une frénésie d'inefficacité où chaque nouveau projet vient faire oublier que le précédent n'est pas encore achevé. La culture de l'annonce a remplacé, chez les politiques, la passion pour la coupe de ruban qui les a habités pendant un siècle. Peut-être devons-nous prendre conscience que ces équipements ont désormais des rendements décroissants, car le niveau d'équipement de la France s'est considérablement amélioré. Dès lors, il conviendrait de sélectionner quelques projets emblématiques, indispensables au pays, et de s'y tenir, en mobilisant tous les moyens nécessaires pour les mener à bien dans les délais et avec le sérieux requis, selon la méthode « Notre-Dame ».

Deuxième symptôme de l'immobilisation de l'État, l'impossibilité de maîtriser la dépense publique. On dirait une mauvaise herbe qui repousse aussitôt qu'on essaie de l'arracher. Regardons même les États-Unis, avec les méthodes brutales et farfelues d'un Elon Musk propulsé à la tête du Département de l'efficacité gouvernementale : la baisse effective de la dépense publique en 2025 ne représente que 2 %

du budget fédéral, à peine 150 milliards de dollars, bien loin des 1 000 ou 2 000 milliards annoncés au début de l'année. Et à quel prix : la santé des vétérans sacrifiée, la diplomatie dégarnie, la recherche et les universités méprisées, les Pays en voie de développement abandonnés. En France, des efforts surhumains permettent à peine de freiner la progression de la dépense publique. Et il semble que chaque euro dépensé dans l'administration ait une efficacité moindre que le précédent. Le tout avec des fonctionnaires souvent mal payés, parfois mal employés et presque toujours mal reconnus. Paradoxalement, malgré les progrès et la simplification de la Loi organique relative aux lois de finances de 2001 (LOLF), qui appelait à raisonner mission de l'État par mission de l'État, la complexité n'a cessé de croître. C'est pourquoi le pragmatisme invite aujourd'hui non plus à permettre des coupes générales, mais à une recherche rigoureuse de la qualité de la dépense publique, mission par mission. Il conviendrait ainsi de mettre en place un comité des finances publiques relevant directement du Premier ministre, chargé de piloter la dépense sur la base de critères de performance publique et d'autoriser les principaux arbitrages après une revue systématique de chaque politique publique : si elle est efficace, on poursuit ; si elle ne l'est pas, on réforme ou on arrête.

Ces dernières années, nombre de responsables politiques ont abordé la question des déficits publics sous l'angle du diktat que Bruxelles aurait imposé à la France. C'est ignorer que notre pays, ayant doublé sa dette depuis 2007, consacre désormais chaque année plus de crédits à rembourser ses créanciers qu'à équiper sa défense nationale. Bientôt, les seuls intérêts de la dette publique coûteront plus cher à la France que toute l'Éducation nationale. Folle spirale qui grève le budget de dizaines de milliards d'euros, milliards qui auraient pu être utilement investis ailleurs. Mais folle spirale aussi qui pourrait bien coûter à la France sa souveraineté d'action. Car, qu'on se le dise, un pays surendetté est un pays prisonnier de sa dette, dépendant de ses créanciers et ayant abdiqué sa liberté. Aucun patriote ne devrait jamais oublier cette vérité. Désendetter la France est une condition absolue pour préserver notre souveraineté financière, budgétaire, économique et fiscale.

Aujourd'hui, notre budget remplit trois fonctions en une. Il rembourse le passé. Il règle les factures du présent. Il engage les investissements de l'avenir. Le tout dans la confusion de principes de finances publiques – l'annualité, l'universalité et la spécialité de l'impôt – qui semblent pensés pour un autre temps.

Les dépenses du passé – la dette et les intérêts – demandent à être réduites, éteintes et, avant tout, sécurisées, en les appuyant d'abord sur l'épargne nationale pour éviter toute dépendance. Il faut se diriger vers un excédent primaire pour se prémunir de la menace d'une avalanche de dettes futures. C'est là la cible légitime d'une stratégie d'ajustement des déficits. Les dépenses du présent, le budget de fonctionnement de l'Etat demandent à être maîtrisés. Chaque famille sait ce qu'il en coûte de vivre au-dessus de ses moyens. Il convient dès aujourd'hui de stabiliser et verrouiller ces grandes masses en fixant un cadre pluriannuel contraignant qui plafonne, dans un premier temps, l'évolution au maximum à hauteur de l'inflation. Les dépenses de l'avenir, les investissements dans les infrastructures, la défense, la recherche exigent d'être déployés avec plus de méthode et d'ambition. Nous avons des outils puissants et efficaces, comme la Banque publique d'investissement, qui est devenue une partenaire décisive de l'écosystème technologique français. Mais préparer l'avenir devrait s'appliquer également à l'État et à ses services publics, qui devraient apprendre à incuber leurs propres projets et à faire confiance à leurs agents pour apporter des innovations avantageuses. Il faut financer les grands équipements et les infrastructures comme les bases matérielles du service public. L'épargne réglementée, notamment le Livret A, pourrait être repensée en ce sens comme un partenariat de longue durée entre l'État et les épargnants populaires.

Pour compliquer davantage encore les choses, le maquis fiscal est devenu un système de défense du statu quo. Il nourrit des stratégies individuelles, des rentes, des habitudes, parfois des professions entières, qui recouvrent la vieille maison étatique d'un épais manteau de mousse. Tenter de redresser les murs, c'est s'exposer à toutes les intempéries. L'égalité républicaine devant l'impôt a laissé place à un nouveau Moyen Âge fiscal où chacun lutte pour préserver ou accroître ses propres privilèges à travers près de cinq cents niches fiscales et des dizaines de niches sociales.

Troisième symptôme de sclérose, l'enchevêtrement des niveaux administratif et politique. Il conduit à une déresponsabilisation généralisée. Trop de cuisiniers en cuisine gâtent la sauce. En desserrant l'étau jacobin qui lui avait servi de corset pendant plus de cent cinquante ans, la France a certes mieux respiré, mais elle s'est en partie affaissée. Loin d'un nécessaire partage des compétences, ce qui prévaut est un empilement de niveaux dont on change sans cesse les attributions et les dimensions en pensant que c'est là le problème le plus urgent, parce qu'on confond la carte et le territoire. On a créé des dérivations sur l'ensemble des politiques sectorielles tout en y introduisant le virus de la politisation des décisions. Les universités passées sous la responsabilité des régions : quel bénéfice réel pour l'enseignement supérieur ? L'aménagement du territoire a presque disparu, au profit de saupoudrages électoralistes, sans vision nationale. Il faut en conséquence organiser cette coopération avec un chef de file clair. Dès lors qu'il s'agit de l'intérêt général du pays, il est indispensable que l'État garde la haute main sur le processus collectif. Il faut casser les silos successifs et concurrents, et les fusionner en un pilotage lisible. C'est ainsi que nous devons moderniser et réformer l'État. Aujourd'hui trop immobile, il demande à être ajusté pour retrouver sa capacité d'impulsion. C'est tout le rôle du président de la République, garant de la continuité de l'État, de s'assurer au quotidien de la cohérence de l'action de ses services. Il ne peut se contenter de nommer les serviteurs de l'État, il lui revient aussi de les guider, de les inspirer, de leur donner l'esprit d'une équipe. C'est ce que pourrait symboliser la ritualisation d'une Conférence d'État, annuelle, où seraient remis et publiés les rapports d'évaluation des grands corps et des organes de contrôle, Cour des comptes et Conseil d'État, ainsi que des commissions parlementaires. Cette conférence, sur le modèle de la Conférence des ambassadeurs, réunirait préfets, recteurs, directeurs d'administration centrale autour du chef de l'État, qui pourrait alors faire le bilan, tracer les perspectives et donner la feuille de route pour l'année à venir.

Mais ce n'est qu'une partie de la solution. Si l'État est devenu si inefficace, c'est qu'il est désormais en décalage constant avec le réel. Il agit, avec ses habitudes d'hier, sur une société qui n'existe plus, tandis que la société d'aujourd'hui adresse ses demandes à un État qui n'existe pas encore. Il déçoit donc deux fois. Il ne répond plus au présent et il ne prépare pas l'avenir.

L'État tel que nous le connaissons est né il y a deux siècles pour répondre aux besoins de la société industrielle. Sa tâche était de prendre en charge de grandes masses de population, de les canaliser, de les orienter, de les transformer. Il inventait des institutions collectives emblématiques pour y former les citoyens : la caserne, l'école, l'hôpital. Toutes ces institutions sont aujourd'hui en crise sans que personne ne sache vraiment pourquoi.

L'école est en panne de projet. Autrefois, l'école, puis, avec la démocratisation, les collèges et les lycées, et aujourd'hui les universités, s'appuyaient sur une vision centralisée des savoirs et de la culture commune nécessaire pour déployer l'utilité sociale de chacun. On inculquait des principes et des connaissances comme marchepied vers une liberté à venir. Les « hussards noirs » produisaient des bons citoyens comme à l'usine et la nation se montrait reconnaissante. Mais dans une société désormais alphabétisée, traversée de savoirs multiples, où l'information circule comme jamais auparavant, et où la société de consommation de masse a appris à l'individu à avoir toujours le choix, l'attente vis-à-vis de l'école a changé. On lui demande de prendre en compte l'individualité, de mettre l'élève au centre. Et, comme on n'a pas toujours réussi le pari difficile de placer tous les élèves au centre en même temps, cela se traduit, en définitive, par l'exigence de privilégier son propre enfant tout en inculquant les règles aux enfants des autres. La salle de classe est en crise, car elle ne répond plus aux besoins de diversification pédagogique d'un monde lui-même plus divers. Parce qu'elle ne parvient plus à tirer tous les élèves vers le haut et laisse nombre d'entre eux sur le côté, l'école de demain n'a pas vocation à être enfermée dans un seul lieu, mais à irriguer la société, à s'ouvrir sur les arts et les sciences, à devenir un réseau vivant d'apprentissage.

Il lui revient également de traiter le problème épineux de la méritocratie aux yeux de laquelle l'égalité des chances devient la loi du meilleur, qui ne vaut guère mieux que la loi du plus fort. Aujourd'hui, la pression qui s'exerce sur les adolescents et leurs parents pour construire leur avenir donne le sentiment d'un labyrinthe de choix opaques. Faute d'une vraie politique d'orientation, c'est ce qu'en est venu à incarner Parcoursup, qui cristallise le mal-être moral croissant de la jeunesse. La plateforme est devenue le couperet qui trie des élèves aux armes inégales face à une sélection qui ne dit pas son nom. Mais ce n'est pas la maladie, ce n'est que le symptôme d'un système où l'inflation de diplômes et de mentions masque mal le déclassement subi par la jeunesse une fois entrée dans la vie adulte. Un système incapable de reconnaître la pluralité des parcours, les bifurcations, les deuxièmes chances. Un système, enfin, qui voit proliférer des formations privées, parfois opportunistes, et l'absurdité d'une société d'hyperspécialistes dans laquelle plus personne ne comprend le métier de son voisin. La jeunesse étouffe ; pire : on l'étouffe. Valoriser les savoirs techniques, les expériences de terrain, offrir des « semestres du pas de côté », s'attacher aux décrocheurs plutôt qu'aux

« survoleurs » doit devenir la priorité du système éducatif.

L'hôpital, quant à lui, s'écroule sous son propre poids. Lieu d'accueil longtemps avant d'être un lieu de guérison, il a été percuté non seulement par les transformations de la société, mais aussi par les progrès de la science. Il ne peut plus être l'établissement austère de jadis, où une pyramide très hiérarchisée de soignants, ne comptant pas ses heures, encadrait une population de patients dociles. L'hôpital des mandarins tenait parce qu'il était une des dernières institutions de droit divin. Ce n'est plus le cas aujourd'hui, d'autant que le gonflement des coûts des médicaments, la spécialisation médicale et l'importance des équipements d'imagerie et de diagnostic ont rendu la décision et le soin plus complexes, plus collégiaux, plus protocolisés. Mais, là aussi, l'ancien monde continue à coexister avec le nouveau, voire lui fait la guerre. Aujourd'hui, l'enjeu n'est pas seulement de réparer l'hôpital, mais de repenser l'ensemble du système de santé. Non comme un lieu unique, centralisé, mais comme un réseau d'intervenants coordonnés, de l'hôpital à la ville, du domicile au médico-social, exploitant au mieux les technologies pour décentraliser les soins tout en gardant une exigence de qualité. Le repenser pour mieux prévenir les maladies et, au premier chef, les affections de longue durée, car la santé publique est l'affaire de tous. Tabagisme, alcoolisme, addiction au sucre ou aux écrans, sédentarité… la liste est longue des défis que le système de santé français doit relever s'il veut se doter d'une véritable politique de prévention.

La caserne, enfin, symbolise aussi ce grand entre-deux. Lieu d'austérité volontaire, elle se voulait hier le visage sévère d'une nation en armes, un moule où les conscrits apprendraient à se battre pour la France. Il demeure aujourd'hui une nostalgie latente pour ce creuset de la nation, qui n'était en réalité ni aussi égalitaire ni aussi efficace qu'on veut bien le dire. Les conscrits n'y bénéficiaient pas toujours des mêmes chances et l'intégration des différences restait incomplète. Pourtant, la caserne n'a pas disparu : elle a pivoté, il y a trente ans, vers une armée de métier, tout en continuant à incarner une certaine idée de cohésion. Plutôt que d'en faire un lieu disciplinaire figé, il s'agit d'en faire une « seconde famille », une plateforme de capacités et de talents, un espace de formation ouvert à des compétences multiples, pensées pour la prévention et la protection de la société dans son ensemble. La caserne de demain n'accueillerait pas seulement des soldats, mais aussi des spécialistes de la logistique, de la santé ou de la cybersécurité, aptes à déployer rapidement une aide d'urgence ou à coordonner les actions sur le terrain. Dans cette perspective, la fonction militaire s'étendrait à un rôle plus vaste de « défense civile totale », structurée autour d'une garde nationale capable de préparer les Français à répondre aux crises environnementales, humanitaires ou sécuritaires. On y apprendrait autant l'art du secours que celui de la solidarité, afin de préserver le tissu social quand survient la catastrophe. Il ne s'agit pas seulement de se préparer à la guerre d'hier, mais de s'adapter à la nouvelle guerre hybride totale. Il s'agit de fédérer, de transmettre un sens du collectif. C'est cette mobilisation de chacun, spécialiste ou non, qui redonnerait tout son sens à la caserne, faisant d'elle un espace de rassemblement et de transmission des valeurs républicaines au service du bien commun.

L'heure de l'aggiornamento a sonné. Il se décline à travers tout l'État par la mise en priorité de trois axes. D'abord, la personnalisation des services publics et de relations aux administrés, aujourd'hui indispensable. C'est la demande latente la plus répandue dans le pays : le souhait d'être pris en compte et aidé dans la mesure de sa situation personnelle, et non en fonction de la correspondance d'une case et d'une série de chiffres. À cet égard, le modèle français de protection sociale devra évoluer vers plus d'accompagnement, et surtout plus d'humain. Ensuite, ouvrir les services de l'État sur la société peut permettre la synergie de l'ensemble des actions publiques, associatives, individuelles ou privées. Sachons utiliser les moyens que donnent les algorithmes et l'intelligence artificielle pour coordonner les intervenants, simplifier les démarches, garantir à l'usager une vision claire et unifiée de son parcours administratif. Cela ne signifie pas abandonner la souveraineté publique aux logiques privées. Cela suppose au contraire de garantir la maîtrise publique des données, leur protection absolue, la transparence des systèmes et leur contrôle démocratique. Cette démarche, si elle est pensée correctement, peut redonner à l'État sa fonction de garant des communs plutôt que de simple guichet fragmenté. Enfin, dans le même élan, il est nécessaire, dans un souci de proximité, de renforcer la présence humaine de l'État par de véritables « Maisons de la République » dans chaque bassin de vie, s'appuyant sur les structures existantes – France Services, Maisons de services au public – pour en faire de réels pôles de proximité. Plutôt qu'un simple guichet ou une plateforme numérique, ces Maisons rassembleraient des agents polyvalents, des médiateurs, des relais associatifs et des conseillers capables d'écouter, d'orienter et d'accompagner les citoyens dans leurs démarches. Elles offriraient sur un même lieu des points d'accès à l'entrepreneuriat, à la santé, à l'emploi ou encore à la médiation numérique tout en favorisant la rencontre entre les générations.

Une telle rénovation passerait par la conclusion de « contrats locaux de services » négociés entre l'État, les collectivités et les acteurs sociaux. À la clé, une mutualisation des moyens, une transversalité des missions et une évaluation non seulement quantitative, à travers le nombre de dossiers traités, mais qualitative, par le lien social renoué, la satisfaction des usagers et un accès facilité aux droits. Dans cette logique, les fonctionnaires retrouveraient un ancrage de terrain : certains agents de l'État, aujourd'hui dispersés dans des bureaux centraux, pourraient être détachés par rotation dans ces Maisons de la République, au plus près des réalités quotidiennes. Le numérique, loin d'être négligé, servirait de support sans se substituer à la relation humaine.

Cette approche évite le piège d'un État purement managérial ou technocratique : en redonnant la parole aux territoires, en privilégiant la présence humaine d'équipes pluridisciplinaires, en contractant sur des objectifs concrets, elle replace la fraternité au cœur du service public. On ne peut se satisfaire de voir la moitié de l'argent public dépensé en prestations monétaires, sans toujours l'accompagnement nécessaire à la réinsertion. Plus de femmes et d'hommes engagés directement au contact et au service de leurs concitoyens : c'est ainsi que l'on montrera à nouveau un État en action, garantissant à la fois l'accès aux droits, la solidarité et la responsabilisation de chacun, sans se limiter à la seule plateformisation ou à la baisse aveugle des dépenses. Cela suppose d'être vigilants sur les dépenses publiques, mais aussi d'être attentifs à la formation et à l'équipement des personnels, à tout ce qui fortifie l'armature humaine de l'État pour accompagner efficacement ceux qui recherchent un emploi, une formation, un logement.

Réformer : les souverainetés à réconcilier

Réapprendre à réformer est tout aussi essentiel. Réformer, ce n'est pas imposer. Ce n'est pas casser.

C'est rassembler, dialoguer, poser des cadres, fixer des caps, donner du sens. Il faut sortir de la caricature néolibérale de la réforme, synonyme de démantèlement, et cesser le bavardage législatif ainsi que l'empilement des normes. En France, la réforme des retraites a échoué politiquement parce qu'elle a été imposée contre les syndicats, contre le monde du travail, contre le peuple. Elle a cristallisé le divorce entre ceux qui décident et ceux qui vivent les décisions. Rien de durable ne pourra être construit sur cette fracture si l'on ne fait pas un pas de côté pour relancer, en donnant les gages nécessaires, un dialogue de bonne foi fondé sur la justice. Dans une France où la première demande consiste à choisir sa vie et à en maîtriser les seuils, toute mesure d'âge abrupte tend à être vécue comme un couperet. Cela invite à introduire la plus grande souplesse possible dans le système.

L'histoire m'a appris que le courage en démocratie n'est pas d'imposer son avis contre celui de tous les autres, mais de reconnaître quand on s'est trompé et de corriger. Ce n'est pas par l'hubris, mais par l'humilité que l'on rajeunit la République. Je me suis trompé sur le Contrat première embauche. Je n'ai pas mesuré que la défiance envers l'État était déjà si avancée que rien de ce qu'il proposait ne pouvait plus s'imposer d'en haut sans donner le sentiment d'une attaque contre le corps social. Je suis convaincu que cette épreuve a été le signe avant-coureur d'un cycle de répétitions dont nous ne sommes jamais sortis. La réforme est depuis vingt-cinq ans une dramaturgie de l'État contre la société, de la société contre l'État. Quels que soient le vainqueur et le vaincu, chaque défaite remplit le vaincu de davantage de ressentiment, chaque victoire dispose le vainqueur à plus d'arrogance. Elle a été pour moi, en tout cas, une initiation politique. C'est cela que signifie reprendre la réforme aujourd'hui : briser le cycle de ces corridas insensées et dangereuses.

Ce n'est pas en changeant de vocabulaire, mais en rétablissant sa fonction première : transformer le réel par la parole partagée, la règle librement acceptée, l'engagement commun. Rajeunir la République, c'est rendre à la démocratie la force de sa promesse. Par la fermeté du gouvernement et le consentement à la réforme, il est possible de remettre en mouvement notre État, notre nation, notre République. Régénérer la République, cela signifie revenir aux sources, aux fondamentaux de la promesse républicaine, pour réinsuffler la vie dans des procédures abstraites. La République n'est pas une machine. C'est un grand corps collectif dont nous sommes tous des parties. Il s'agit donc de réhabiliter la fonction de citoyen et de donner aux nouvelles générations toute leur place dans la société. Nous avons besoin aujourd'hui de leaders, de passeurs capables de construire un consensus autour de notre jeunesse pour lui permettre d'exprimer l'aspiration au renouveau qu'elle porte.

Repenser la souveraineté est le point de départ indispensable. L'enjeu est d'articuler les trois souverainetés héritées de l'âge des révolutions qui fondent ensemble la liberté politique des peuples européens et qui ont aujourd'hui perdu leur souffle : la souveraineté nationale, la souveraineté populaire, la souveraineté individuelle – et d'en ajouter une quatrième encore à formuler : la souveraineté du vivant.

La souveraineté nationale consiste à assurer la survie de ce qui nous dépasse dans notre existence collective. La nation est le point d'équilibre de la mémoire et de l'espoir. Nous ne sommes pas seulement une communauté de vivants, mais un ensemble de liens avec les générations qui nous ont précédés et celles qui nous succéderont. Nous sommes des paysages, des visages, des langages, des images. Nous sommes une mémoire faite de millions de mémoires. Nous sommes la douleur et nous sommes la joie. Renouveler l'espoir, c'est se donner les moyens d'exister comme collectivité. Cela passe par l'investissement dans notre avenir commun, à la fois dans les infrastructures et dans les savoirs ; c'est une politique de promotion volontariste de l'innovation dans un pays qui regorge de talents mais ne sait pas toujours leur donner ni l'envie de rester ni les moyens de réussir. Dans l'intelligence artificielle, nous faisons partie des cinq pays qui comptent dans le monde, aux côtés des États-Unis et de la Chine. Pourquoi ne pas envisager un fonds souverain national tourné vers l'innovation et la souveraineté ? Il aurait vocation, d'une part, à réunir et valoriser l'ensemble des actifs stratégiques de la nation, et, d'autre part, à mobiliser l'épargne des Français, encouragés par un rendement réel, garanti et compétitif à participer à la transformation historique de notre pays. Enrichir la mémoire, c'est l'enjeu d'une politique culturelle qui ne soit ni une révolution culturelle permanente vouée à un présentisme festif, ni un instinct patrimonial lourd et paralysant. La souveraineté nationale passe ainsi par une politique culturelle ambitieuse. Une politique qui échappe à la fois aux élitismes étroits et à la consommation de masse programmée par des industries culturelles de plus en plus automatisées. La France, c'est encore cela : le facteur humain. Enfin, la souveraineté nationale doit garantir l'indépendance et la continuité sur la défense, l'énergie, les données, la santé en structurant et en consolidant les actifs comme les leviers d'action, sans tabous sur l'exigence de planification et de patriotisme économique.

Deuxième de nos souverainetés essentielles, la souveraineté populaire. Elle suppose une démocratie réelle, où les citoyens ne soient pas réduits au rôle de figurants, mais retrouvent les moyens d'agir. Cela exige des institutions lisibles, des procédures de délibération et de participation modernisées, une décentralisation vivante, qui redonne chair à la citoyenneté de proximité, à l'échelle des communes, des départements, des régions. Cela suppose aussi de remettre au centre la question de la représentation : redonner sa place au Parlement, revitaliser les partis politiques, réarmer les syndicats, recréer des lieux d'engagement collectif. La souveraineté populaire ne peut se contenter d'un vote par défaut tous les cinq ans. Elle exige des contre-pouvoirs effectifs, une information pluraliste, des droits garantis, un espace public protégé. Elle repose sur une vision du citoyen non comme un consommateur d'opinions, mais comme un sujet de droits et de devoirs. Elle ne peut s'épanouir dans une démocratie réduite à des offres de catalogue. Elle a besoin d'une République de citoyens engagés.

Il faut refonder les conditions du débat démocratique dans l'univers numérique : exiger la transparence des sources, l'identification des contenus sponsorisés, la lutte active contre les campagnes de désinformation délibérée. Il ne s'agit pas de censurer, mais d'organiser un nouvel espace de confiance. Il faut reconstruire les lieux physiques du commun : bibliothèques, médiathèques, maisons de la citoyenneté, centres culturels, espaces de dialogue intergénérationnel. Face à l'atomisation technologique, il faut redonner au territoire des lieux réels de rencontre, d'apprentissage du débat, du compromis et de l'écoute. La République ne tiendra pas sans la reconstruction patiente de ces communs concrets. Enfin, il importe également de réhabiliter la dignité du citoyen. L'élection est la force des démocraties majoritaires. Mais elle n'en est pas pour autant sans inconvénients, qui auraient sauté aux yeux de nos prédécesseurs grecs ou des hommes des Lumières : par l'élection, nous creusons la tranchée qui sépare le peuple et les élites, les représentés et les représentants. On peut imaginer une fluidité permettant sans cesse de passer de l'un à l'autre, mais l'Histoire montre que le fossé s'approfondit sans cesse, créant un ressentiment contre une caste d'élus perçue comme déconnectée et une incompréhension des demandes et des besoins populaires, voire parfois un agacement d'élus qui trouvent qu'ils n'ont pas un peuple à la hauteur de la République qu'ils rêvent. Le deuxième inconvénient est celui de la déresponsabilisation du citoyen, qui considère désormais que sa tâche se limite à un choix ponctuel, une démocratie par éclipses, à intervalles plus ou moins réguliers. Entre-temps, il adresse des demandes souvent contradictoires, irréalistes, passionnelles, abdiquant ainsi son rôle véritable de citoyen qui oblige à s'extraire hors de sa condition particulière pour regarder la cité du point de vue de l'intérêt général.

Pour y remédier, il faut de nouveaux partages des tâches entre élus et citoyens. Il s'agit d'impliquer chaque citoyen dans certaines missions publiques, notamment à l'échelle locale, en fonction des compétences de chacun. Ce peut être l'un des axes de rénovation de notre société, où chacun aurait en charge de prendre soin de tous les autres. L'école, l'hôpital, la justice, la police pourraient bénéficier d'une contribution citoyenne organisée. Cela paraît utopique ? Et pourtant, ce modèle existe déjà : c'est celui des pompiers volontaires, présents sur l'essentiel du territoire national, ou des jurys citoyens dans le domaine judiciaire. Pourquoi ne pas étendre ce principe de volontariat à d'autres domaines essentiels du service public ? Des médecins de ville pourraient garantir la permanence des soins en participant à des gardes en établissement de santé ou médico-social. Il convient aussi de rééquilibrer les droits et les devoirs civiques. Aujourd'hui, le rôle de citoyen est perçu comme un droit héréditaire à voter, guère plus. Au risque d'installer une logique de consommation politique, où les futurs élus sont réduits à de simples fournisseurs de promesses servies aux frais des générations suivantes. Le vote, autant qu'un droit, a vocation à être une obligation morale. On ne peut être citoyen virtuellement, on doit l'être en actes.

Il faudrait peut-être le courage d'inventer de nouveaux cadres civiques. Faire partie d'une communauté de dizaines de millions de personnes dilue la perception de sa responsabilité individuelle. À l'échelle de la commune même, le voisinage et la citoyenneté se confondent trop pour produire une forte conscience civique. Plutôt que de recréer des dispositifs de masse, comme le service militaire obligatoire, ne pourrait-on imaginer un maillage civique à taille humaine, fait de « centuries », groupes d'environ cent citoyens assez nombreux pour représenter la diversité sociale, mais suffisamment petits pour établir des liens personnels ? Chaque citoyen pourrait ainsi remplir certains devoirs civiques réguliers : contribuer à des projets locaux, renforcer l'action de solidarité et ainsi faire vivre la République au quotidien. Je ne doute pas que beaucoup traîneraient des pieds au début, considérant cela comme une contrainte supplémentaire dans des vies déjà remplies. Mais, au fil du temps, chacun pourrait y retrouver un point d'appui, un lieu de rencontre fécond, un remède à la solitude et à l'individualisme qui gangrènent notre société. Les citoyens sont aussi, peut-être même d'abord, en colère parce qu'on leur refuse aujourd'hui les moyens d'agir. La République renouerait avec son fondement. Et ce seraient autant de comités de vigilance collective contre toutes les dérives et les menaces qui sont devant nous, ainsi qu'un premier embryon de défense civile générale.

Enfin, la troisième souveraineté, la souveraineté individuelle, enracinée dans l'autonomie des Lumières, est le fondement moral de tout l'édifice. Elle ne se confond pas avec l'individualisme. Elle est le droit de chacun à être reconnu dans sa dignité, à disposer de soi et à prendre part à la vie commune. Elle suppose des libertés effectives, d'expression, de conscience, d'association. Mais aussi la possibilité d'une vie digne à travers l'éducation, la santé, l'emploi et la culture.

Cette souveraineté, c'est la liberté de l'esprit et l'émancipation par la conscience. C'est la force morale et spirituelle qui affranchit le citoyen de la peur, pour qu'il demeure pleinement acteur de son destin. Sans cette force intérieure, le pacte républicain vacille. La souveraineté nationale se réduit à une autorité de façade. La souveraineté populaire s'expose aux dérives de la démagogie. Et la souveraineté individuelle dégénère en un individualisme stérile, replié sur lui-même. À l'inverse, grâce à l'élan moral que procure cette souveraineté intérieure, chaque citoyen se tient debout dans l'espace républicain, fidèle à ses valeurs et responsable de la cité. Cette force se cultive dès l'enfance par l'éducation et l'apprentissage de l'esprit critique ; elle se fortifie tout au long de la vie dans l'exercice de la liberté et de la responsabilité. Et elle ne saurait être complète sans affirmer avec force l'égalité entre les femmes et les hommes. L'égalité n'est pas une simple revendication sociale : elle est un pilier de la souveraineté démocratique. Lorsque les femmes sont exclues du pouvoir, marginalisées dans les carrières, exposées à la précarité ou à la violence, c'est toute la société qui s'appauvrit. L'émancipation féminine n'est pas un supplément d'âme : elle est un moteur de liberté pour tous. Réconcilier la République avec ses promesses, c'est faire de l'égalité réelle non une ligne d'horizon perpétuelle, mais une exigence présente. Cela implique une politique active dans l'éducation, la vie professionnelle, la justice, la culture. L'égalité ne sera jamais un acquis, elle est et restera une conquête permanente.

Aujourd'hui, cette souveraineté doit être renouvelée. À l'ère des intelligences artificielles, des big data et des plateformes globales, il faut inventer une nouvelle génération de droits : les droits cognitifs. Des droits qui protègent non seulement nos corps ou nos biens, mais aussi notre esprit et notre libre arbitre. Cela commence par la question des données personnelles. Il ne s'agit plus simplement d'assurer leur confidentialité. Il faut redéfinir leur statut : sont-elles des biens privés ? Des biens communs ? Des prolongements de la personne humaine ? Leur captation et leur revente ne peuvent plus se faire dans l'opacité et l'asymétrie. Une contractualisation explicite et opposable de leur usage devient indispensable. L'Europe doit poser les bases d'une nouvelle souveraineté numérique, garantissant à chaque citoyen le droit de ne pas être enfermé dans une bulle algorithmique, et un véritable droit à l'oubli pour que l'empreinte numérique ne devienne jamais une identité figée. Cela suppose aussi de repenser la propriété intellectuelle. Non pour brider l'innovation, mais pour garantir un partage équitable. Il faut tracer une frontière claire entre l'invention, qui mérite protection, et l'appropriation abusive du savoir ou des créations collectives. Mais, au-delà de ces aspects techniques, il s'agit de reformuler la place du droit dans nos sociétés. Non plus comme un simple instrument de contrôle ou de stigmatisation, mais comme une garantie de responsabilité partagée. Être sujet de droit, c'est être responsable de ses actes, mais aussi avoir le droit de demander un État qui protège.

Il faut en ce sens aussi promouvoir la « propriété responsable ». Nous vivons avec une définition bien fruste de la propriété, héritée d'une époque où la modernité se débattait avec les souvenirs de la féodalité qui confondait le pouvoir sur les hommes et la propriété sur les choses. À l'époque, distinguer entre propriété privée et pouvoir politique était un progrès d'émancipation et de clarté. Mais, à mesure que la société s'est étoffée, que les interdépendances se sont renforcées, cette définition de la propriété comme capacité illimitée à user et abuser d'une chose devient problématique tant elle se heurte aux droits et aux exigences de l'économie nationale, de l'environnement et de l'égalité sociale. Comment justifier que la propriété de l'un puisse causer des dommages à la vie ou à la propriété de l'autre – comme l'ont montré tant d'affaires de pollution, qu'elle soit volontaire ou involontaire ? Comment admettre qu'un propriétaire puisse laisser dépérir un bien au détriment de la collectivité ? La propriété responsable, c'est la prise en compte des choses dans l'entièreté des relations qu'elles entretiennent avec toutes les autres choses, êtres vivants ou personnes, en respectant et hiérarchisant les droits de chacun. C'est au départ une idée très simple que tout le monde partage déjà : ce n'est pas parce que je suis propriétaire d'un âne que je suis en droit de le maltraiter. La même règle doit s'appliquer à toutes les propriétés, y compris les parts de sociétés anonymes, les titres fonciers, les biens immobiliers. L'État est d'abord le garant de cette propriété responsable de la nation, qu'on peut prendre comme nouvelle définition de la souveraineté exercée à l'intérieur des frontières. L'État n'est pas le propriétaire des terres, des sous-sols, des paysages, mais il en est le protecteur au nom de chacun des citoyens.

Enfin, nous devons défendre la rationalité elle-même. À l'âge des « vérités alternatives », des manipulations de masse, de la saturation informationnelle, la liberté de pensée est menacée par le brouillage permanent. Il faut redonner à l'éducation sa mission première : non pas dicter ce qu'il faut penser, mais apprendre à penser librement. L'école doit redevenir l'institution centrale de la souveraineté individuelle. La liberté d'expression ne peut être absolue si elle détruit les conditions du vivre-ensemble. Elle doit être protégée, mais encadrée par le respect de la dignité humaine et de la cohésion sociale. Ce n'est pas une contradiction, mais une exigence républicaine. Sur les réseaux sociaux, elle doit s'arrêter là où commencent la désinformation délibérée et la manipulation démocratique. Elle ne peut servir de paravent à la destruction du débat public.

La dignité de la personne est aussi matérielle. Elle suppose que chacun ait accès aux conditions d'une vie digne : un logement décent, un emploi stable, une santé protégée. La liberté réelle ne peut exister que si les besoins fondamentaux sont assurés. Autrement, elle reste une formule vide. Cette dignité repose aussi sur la reconnaissance du mérite. Non pour établir une hiérarchie entre les êtres, mais pour offrir à chacun une place. Pas une société élitiste où les perdants sont méprisés, mais une société juste où chacun compte. La République n'est pas l'uniformité. Elle est la promesse que chacun puisse se tenir debout sans renier ce qu'il est. C'est pourquoi nous devons articuler ces trois souverainetés dans un projet cohérent. Une nation souveraine dans une Europe indépendante, au service d'un peuple libre et d'individus protégés. Une République qui reconnaît ses dettes, honore ses promesses, prépare lucidement l'avenir.

Il est une dernière souveraineté qui fonde toutes les autres : c'est la souveraineté du vivant. Elle ne remplace pas les souverainetés nationale, populaire ou individuelle : elle les refonde. Elle oblige à penser non seulement ce que nous décidons, mais à partir d'où et avec qui nous le décidons. Elle n'est pas une idée abstraite : elle s'enracine dans les sols, les forêts, les climats, les saisons. Longtemps, la souveraineté s'est définie contre : contre l'étranger, contre le chaos, contre l'arbitraire. Mais cette logique défensive, fondée sur l'exclusion, a atteint ses limites. Dans un monde interdépendant, protéger ne peut plus signifier séparer. Il faut apprendre à protéger en reliant des écosystèmes relationnels plutôt que des bastions. Cela suppose une mutation anthropologique : sortir du mythe du surplomb, de cette vision verticale du pouvoir, héritée de l'absolutisme, où le souverain regarde le monde d'en haut, le patron ses employés, le *paterfamilias* sa femme et ses enfants, le civilisé les « sauvages » et, au bout de la chaîne, l'homme le reste du vivant. La souveraineté du vivant nous propose une autre posture : la souveraineté d'en bas grâce à l'immanence active. Une autre verticalité : celle des racines. Elle ne vise pas la maîtrise, mais l'habitabilité partagée. Non la domination, mais la continuité et la responsabilité.

Le droit, en tant que langage du pouvoir, doit ainsi se réinventer. Depuis les temps modernes, le droit fut instrument d'unification. Il a permis d'étendre les libertés, mais aussi de légitimer l'appropriation du monde. Il a permis de donner des voix en instituant des sujets, mais ce faisant il a réduit tout le reste au silence, en en faisant des objets. Aujourd'hui, un autre droit est en gestation, encore fragile : un droit relationnel, écosystémique, qui ne sépare plus l'humain de la nature ni l'individu de son milieu. Car la souveraineté du vivant est la condition d'une paix durable au XXIe siècle. Lorsque les nappes phréatiques se tarissent, lorsque les rivières sont détournées, lorsque les forêts sont sacrifiées pour nourrir des marchés d'exportation, ce sont des peuples entiers que l'on prive d'avenir. À l'échelle géopolitique, cela impose un renversement du regard. Le siècle qui s'ouvre ne sera pas seulement celui de rivalités militaires, mais de conflits pour l'habitabilité, pour l'eau ou pour les terres cultivables. Les nouvelles frontières ne seront pas toujours dessinées par des armées : elles seront hydriques ou climatiques. Et la question demeurera la même : qui décide ?

La France et l'Europe ont ici un rôle à jouer. Non pas comme modèles à imposer, mais comme laboratoires. Que signifierait une souveraineté française fondée sur la protection de ses communs ? Une souveraineté partagée avec les fleuves, le bocage, les littoraux ? Mais cela exige une refondation politique. Il ne suffit plus de gérer l'existant. Il faut instituer autrement. Des assemblées de territoire, des formes d'arbitrage entre générations. Des institutions capables de représenter ce qui ne parle pas : les écosystèmes menacés, les espèces silencieuses. Enfin, cette souveraineté appelle une éthique nouvelle : celle du soin plutôt que du contrôle, de l'équilibre plutôt que de la performance. Elle réclame une pédagogie du sensible, une économie de la transmission. La souveraineté du vivant est une politique lente. Mais elle est aussi la seule forme de puissance qui ne détruise pas son propre socle et ne se retourne pas contre elle-même. C'est donc peut-être cela, le renversement décisif à accomplir : passer de l'empire à la matrice, de la prédation à la fécondité, de la domination à l'interaction. La souveraineté du vivant n'abolit pas le politique, elle l'agrandit. Elle ne nie pas le conflit, elle lui donne une orientation : celle de vivre ensemble sur une planète finie. Et, dans ce monde de ruptures et d'épuisements, cette souveraineté fragile mais féconde est peut-être notre seule manière de rester libres.

Le XXIe siècle ne sera pas celui des empires, s'il veut encore être humain. Il sera celui de la République des vivants. Une République des limites, de la justice, de la dignité. Dans ce monde heurté, traversé par les peurs et les fractures, par les renoncements et même les reniements, il ne suffira pas de dire non. Il faut également avoir le courage de dire oui à ce qui nous unit et nous élève. Oui à une République restaurée, où la liberté est retrouvée, l'égalité assurée et la fraternité éprouvée. Oui à une démocratie rajeunie, où le peuple reprend toute sa place, qui est celle d'un souverain et non d'un serviteur. Oui à une Europe enfin puissance, qui assure la paix sur le continent et contribue à l'équilibre du monde. Oui à un monde plus respirable, plus humain, plus juste, où la barbarie recule et les Lumières progressent.

Français, Européens, nous portons ensemble la mémoire des déchirures, des empires, des dominations, des barbaries inouïes du XXe siècle. Mais de ces ruines est née une idée du droit, de la paix, de la coopération. Une volonté de bâtir un espace commun où la force ne fait pas la loi, où l'arbitraire ne fait pas la justice, où le statut ne fait pas la légitimité. Il nous appartient de faire vivre cet héritage encore aujourd'hui, portés par l'exigence des générations futures et par l'exemple de celles qui nous ont précédés. Ce legs ne nous enferme pas. Il nous donne une responsabilité particulière, celle de tenir sans trembler le fil fragile d'une humanité commune, d'une conscience universelle.

Le moment est venu d'un nouvel acte républicain qui ne soit pas simplement défensif, mais refondateur. Un acte qui réponde à la crise de la modernité par une fidélité active à son idéal : émanciper l'humanité en assumant ses limites. Si rien n'est perdu, rien ne sera donné. Ce combat n'est pas celui d'un camp politique, c'est celui d'une civilisation. Il est temps de le mener. Les trois souverainetés ne sont pas des blocs figés, mais des dynamiques vivantes. Elles s'équilibrent les unes les autres. La souveraineté nationale sans la souveraineté populaire devient impériale. La souveraineté populaire sans celle de la personne humaine glisse vers l'autoritarisme. Et la souveraineté de la personne sans appui collectif devient impuissante.

Dans un monde livré à l'hypercratie, aux empires, à la confusion, le devoir de la République est de refonder son action. Et de croire encore que la liberté n'est pas un luxe, mais un besoin vital. Que la justice n'est pas une faiblesse, mais une force. Et que l'ordre républicain n'est pas une nostalgie, mais un avenir.

*

Il est temps d'agir. J'ai deux convictions. Nous n'avons pas le droit de laisser pourrir notre État jusqu'à ce que l'affaissement soit irrémédiable. Nous avons le pouvoir d'abréger ce cycle de déceptions.

Aujourd'hui, l'enjeu est aussi simple que cela : il est nécessaire de restaurer la République. De la remettre à l'endroit, de redonner leur véritable sens aux mots, de revenir à la raison et au bon sens, de mettre fin à cette inversion de toutes les valeurs qui de la guerre fait la paix, de la tolérance fait une exclusion, de la chose publique fait un pécule communautaire.

Restaurer ? Est-ce à dire revenir en arrière ? C'est bien plutôt revenir aux sources, retourner à l'idéal toujours inachevé. C'est le sens qu'avait le mot de révolution pour les hommes de 1789. Car eux aussi se sentaient prisonniers de cycles infinis de décadence ; mais ils décidèrent de couper le ruban et, croyant retourner au passé, accouchèrent l'avenir. Il faut plus que jamais écouter Jean Jaurès dans ce sévère discours d'humanisme que fut l'adresse aux jeunes du lycée d'Albi, en 1903 : « Dans notre France moderne, qu'est-ce donc que la République ? C'est un grand acte de confiance. Instituer la République, c'est proclamer que des millions d'hommes sauront tracer eux-mêmes la règle commune de leur action ; qu'ils sauront concilier la liberté et la loi, le mouvement et l'ordre ; qu'ils sauront se combattre sans se déchirer ; que leurs divisions n'iront pas jusqu'à une fureur chronique de guerre civile, et qu'ils ne chercheront jamais dans une dictature même passagère une trêve funeste et un lâche repos. »

2027 est l'horizon d'un dénouement pour le temps d'impuissance qui épuise la France. Pour l'instant, rien ne dit qu'il sera possible de briser le cycle infernal.

La présidentielle s'annonce comme une élection sans favori, centrée sur un parti unique, le Rassemblement national, seul véritable parti en France à côté des nombreuses chapelles, assis sur son socle d'un tiers d'intentions de vote dans les sondages, mais désormais habité par le doute sur son chef à deux têtes. Face à lui, une efflorescence groupusculaire briguant la succession d'un président sans héritage clair dans un champ politique fragmenté. Une pluralité de candidats avec une pluralité de stratégies d'occupation du terrain par blitz médiatiques et ruses sondagières : la percée réactionnaire ; la conquête du centre droit ; l'occupation du centre étroit. Plus loin résistent quelques fortins occupés à se faire la guerre entre eux, le camp de la vertu contre la forteresse des grognards.

Mais c'est bien là que le bât blesse : ce sont des stratégies de conquérants, des stratégies pour se faire la guerre quand, aujourd'hui, seuls comptent le rassemblement et l'apaisement. Faute de quoi, le cycle de l'impuissance ne peut que se poursuivre. Une candidature sincère doit renoncer par avance à la logique partisane pour permettre à nouveau la « rencontre d'un homme et d'un peuple ». Elle doit accepter de travailler avec tous, sans exclusives ni barrières idéologiques. Elle doit refuser les combinaisons, les ralliements de circonstance, les reports de voix négociés, au profit d'un pacte clair fondé sur l'intérêt général.

Le choix – aujourd'hui à nouveau – est entre le désordre, la défaite et le sursaut. Il n'y a en effet que trois véritables forces politiques latentes. La première, c'est un socialisme de la radicalité qui veut tout déraciner pour tout replanter, qui veut imposer la vérité aux récalcitrants du progrès, qui veut agglomérer mille revanches qui lui permettront de conquérir le pouvoir mais pas de l'exercer. C'est le chemin du désordre. La deuxième, c'est un nationalisme du rétrécissement, toujours désireux de sacrifier la République à l'idée étroite qu'il se fait de la nation, qui d'ennemi en ennemi ne connaît pas d'autre loi que celle de la guerre civile. C'est comme à chaque fois dans notre Histoire, en 1940 comme en Algérie, le chemin de la défaite. La troisième, c'est un gaullisme du XXIe siècle, qui reste fidèle à ses attaches essentielles : l'indépendance de la France, le rassemblement des Français, l'autorité dans l'État, l'équilibre entre la conservation et la modernisation. C'est le chemin tracé par le général de Gaulle et Michel Debré, fondateurs d'institutions conçues pour préserver la continuité de l'État tout en laissant place à l'audace politique. Un gaullisme vivant qui affronte le grand défi du temps : l'adaptation de la France à un monde plus dur, à une planète en danger. Après les Trente Glorieuses, après les Trente Piteuses, l'enjeu est, aujourd'hui, l'adaptation aux Trente Dangereuses.

Je ne crois pas aux idéologies tout d'un bloc. Je crois à l'expérience de l'Histoire, au caractère, à l'apprentissage d'une conscience du monde. On se nourrit d'une éducation et de lectures qui fortifient une vision. Mais, en définitive, d'où qu'on vienne, c'est le face-à-face avec le monde qui est décisif. C'est le vrai courage, celui qui accepte de voir qu'il n'y a pas de solution parfaite, qu'il n'y a pas d'action sans risques. L'enjeu est bien au-delà aujourd'hui : il est celui du salut public, de la survie même de la République comme espace et récit communs. Cet enjeu est existentiel pour notre vie politique. Il ne s'agit plus de savoir qui adopte telle ou telle position, qui propose telle ou telle mesure, qui poursuit tel ou tel objectif. Il s'agit désormais de rompre avec cette logique de l'ennemi qui nous pousse, avec bonne conscience, vers des haines réciproques. La République n'a pas à purifier, ni même à clarifier, encore moins à désigner des ennemis pour mieux les essentialiser. Cela, c'est la logique de la Terreur, dont nous savons bien, en France, qu'elle constitue un chemin destructeur pour l'âme même de la République, et dont nous savons aussi que la tentation ne disparaît jamais complètement. La Terreur signifie le rétrécissement. Elle finit toujours par s'engloutir elle-même, entraînant la République dans sa chute. C'est thermidor, c'est brumaire.

Une politique authentiquement républicaine consiste à affirmer que seuls sont ennemis de la République ceux qui agissent concrètement contre elle, ceux qui conspirent contre elle, ceux qui recourent à la violence envers elle ou envers ses citoyens. Ses lois doivent les sanctionner, ses forces de sûreté les mettre hors d'état de nuire. Mais pour le reste, n'excluons pas a priori les idées du champ républicain dès lors qu'elles nous déplaisent. À force de couper l'omelette aux deux bouts, il ne reste plus grand-chose dans l'assiette. Au contraire, les républicains doivent redevenir l'attracteur central, capables par leurs actions et leurs paroles de ramener vers eux toutes les bonnes volontés égarées. Que devient la République si elle s'abaisse au niveau de ceux qui la prennent pour cible ? Que devient-elle si elle accepte les stigmatisations et les essentialisations ? Que devient-elle si elle délègue à la justice le soin de décider quelles opinions sont acceptables dans notre pays ? Pour autant, il faut structurer cet espace commun, favoriser une représentation fidèle et authentique du pays. Toutes les opinions doivent pouvoir s'exprimer, mais dans un cadre précis, explicitement protégé. On ne peut éradiquer d'un seul coup la haine, mais on peut la contenir : lui ménager des soupapes maîtrisées, l'évincer des réseaux sociaux où les discours haineux créent un climat de peur et d'autocensure. La République offre une promesse modeste mais existentielle dans un pays toujours menacé par la guerre civile, la guerre de religions ou la lutte des classes : vivre ensemble malgré tout et préserver l'intérêt commun pour les générations à venir, voilà son seul et véritable objectif.

Depuis des décennies, nous dissertons sur le malheur français, sur cet étrange sentiment collectif du déclin par lequel nous avons l'impression d'être devenus trop petits pour une France trop grande, ou d'avoir rêvé trop haut une France, comme toutes les nations, faillible. Nous nous sommes perdus dans les guerres mémorielles, les injonctions et les interdictions du repentir, les illusions de grandeur et la réalité des calculs froids et des intérêts. Ce malheur français, c'était la bizarrerie d'être parmi les plus malheureux au monde en tant que nation et parmi les plus heureux à titre individuel – comme l'indiquaient les réponses aux sondages internationaux. Et c'est vrai que la France paraissait à contretemps depuis cinquante ans, son influence se réduisait en Afrique et ailleurs dans le monde, sa culture rayonnait de moins en moins loin, remplacée par une culture anglo-saxonne plus facile à mondialiser.

Et si, aujourd'hui, était revenu le temps du bonheur d'être français ? Si, aujourd'hui, il s'agissait de retrouver la fierté, non pas cette fierté cocardière et naïve de ce que nous avons accumulé au fil des siècles – et que nous devons à d'autres –, mais une fierté vivante : celle de porter un projet qui nous dépasse, dans lequel nous nous reconnaissons et où nous retrouvons les traits de nos compatriotes et de tous ceux, à travers le monde, qui continuent à défendre le même idéal fraternel ? Si, aujourd'hui, il s'agissait d'y croire ensemble, comme à toutes les époques où la France a été plus grande que la France et où les Français ont su répondre à son appel ? Le dernier rêve à partager dans un monde où le rêve américain et le rêve chinois menacent de virer au cauchemar. Il y a un bonheur dans le sursaut, dans le sentiment d'être encore vivants, bien vivants, d'être « Vivants, d'abord », comme le disait une affiche de Mai 1968 créée par le peintre franco-chinois Zao Wou-Ki.

Aujourd'hui, ne nous y trompons pas, l'empire n'est pas une alternative dans un monde de rareté, il n'est pas la moins mauvaise des solutions dans un monde qui n'en proposerait aucune bonne. Il est une mécanique, un engrenage qui nous entraîne toujours plus loin dans la logique de la domination, de l'exclusion, jusqu'à ce qu'arrive notre tour d'être soumis, marginalisés.

L'empire est le fonds de commerce, à l'intérieur comme à l'extérieur, des « empireurs », de ceux qui font commerce du pire pour vendre leur protection ou forcer leurs transactions, de ceux qui mettent aux enchères électorales l'identité, la sécurité, l'autorité. Les « empireurs » de tout acabit unissent leurs forces pour réduire la vie, éteindre la culture, étouffer la création, mutiler les savoirs. Ils ne promettent à leurs troupeaux que la vie nue, la survie biologique, la sécurité sans la sûreté, la domination et parfois la vengeance. Ils n'ont rien à offrir que la paix des cimetières dans un monde qui se réduit comme une peau de chagrin. Ils n'ont pas l'intention de tenir leurs promesses, puisque du chaos du monde, de la peur continue de l'ennemi dépend toute leur emprise. La bonne nouvelle, c'est que les « empireurs » ne peuvent rien sans le consentement et la servitude volontaire de chacun.

Que faire ? Le secret est là : il est possible de leur refuser ce consentement. Il faut garder confiance dans nos libertés, exercer notre vigilance, jour après jour, pour ne pas nous laisser griser ni terroriser par les déformations de la réalité. Il suffit de savoir que rien de ce qu'ils pourront faire ne changera ce qu'est, en vérité, la France. Il faut se remettre au travail, dépoussiérer la République, réparer l'État-nation et faire lever, ensemble, un nouvel espoir.

Postface

Le courage de rompre ou le bonheur d'être français

Nous sommes aujourd'hui confrontés à un choix essentiel. Un choix qui engage chacun de nous, au plus intime de sa conscience, et qui engage notre société tout entière : faut-il consentir à l'effacement et à l'humiliation ? Ou bien rester fidèles à ce que nous sommes, avec mesure et courage ? D'un côté, une forme d'abandon, une acceptation silencieuse de ce qui nous dépasse. Face à la brutalité du monde, certains finissent par courber l'échine, par croire qu'il n'y a plus d'alternative, que le repli ou le compromis sont la seule voie. De l'autre, une fidélité tenace. Le refus d'entrer dans ce jeu faussé. Un geste de résistance, une affirmation de soi, non pas dans le tumulte ou la violence, mais dans la constance et la lucidité. Ce refus n'a pas besoin d'éclat, il est d'autant plus fort qu'il s'inscrit dans la continuité d'une histoire. Il ne se mesure ni au nombre ni au pouvoir, mais à la force intérieure de la conviction. Il est ce qui tient quand tout se dérobe.

Le choix de la fidélité

C'est cette exigence d'intégrité et d'audace que portaient le Mahatma Gandhi, Martin Luther King ou Nelson Mandela. C'est le choix de Jeanne face à ses juges, affirmant ce qu'elle sait être vrai, de De Gaulle dans la nuit noire de la capitulation, de Camus, si soucieux de défendre la mesure face au drame de sa terre natale, l'Algérie. Et de tant d'autres, résistants anonymes, exilés silencieux, veilleurs ordinaires, qui font tenir les digues de notre humanité commune. Et puis il y a les femmes, innombrables. Rosa Parks, Simone Veil, Mahsa Amini – dont le nom est devenu cri. Les femmes kurdes en armes, les Afghanes privées d'école, les Palestiniennes invisibles, les Ukrainiennes debout, les Mères de la place de Mai, les avocates traquées, les journalistes emprisonnées. Elles ont dit non à l'humiliation, au silence. Leur refus de la soumission persiste. Elle traverse les siècles, les frontières, les régimes. Ces femmes sont l'avant-garde de nos libertés. Mais ce refus, s'il se fige, peut se dévoyer. Il peut devenir crispation, fermeture. Il peut cesser d'être fidélité pour devenir vengeance ou ressentiment. C'est pourquoi il faut le lier à une autre exigence : celle de la construction, de l'ouverture, de l'espérance. Ce qui compte aujourd'hui, c'est de retrouver un cap. Il ne s'agit pas de choisir entre deux postures, mais de redonner du sens à nos engagements. Ce temps appelle une clarté nouvelle. Il exige de chacun d'entre nous l'engagement.

En 2003, la France a collectivement refusé la logique brutale de l'unilatéralisme. Elle a dit non à la guerre en Irak, non à la loi du plus fort. Mais que s'est-il passé depuis ? La répétition névrotique des interventions militaires, l'abandon du développement du Sud relégué au second plan, la montée des rapports de forces sans contrepoids diplomatique. Nous n'avons pas réussi à construire dans la durée un nouveau chemin pour rassembler la communauté internationale. La France, dans ce contexte, a progressivement perdu sa voix. Le XXIe siècle est devenu le théâtre d'un paradoxe redoutable, de l'accélération et de l'immobilisme. On a vu se répéter des cycles de révolutions décevantes et souvent avortées, qui éteignaient en quelques mois l'espoir de la liberté. On a vu des guerres aux victoires éclatantes, mais qui ne changeaient rien. On a vu des processus de paix se prolonger jusqu'à l'absurde pendant vingt-cinq ans, puis s'effondrer du jour au lendemain. C'est un monde en mouvement perpétuel, mais sans transformation réelle.

Ce monde, je l'ai arpenté en tous sens, observé, étudié. Voyageur soucieux de se réinventer, j'ai vu sur les cinq continents le basculement progressif d'un ordre fragile vers une compétition plus dure, plus opaque, marquée par les oligarchies et les logiques d'empire. J'ai vu aussi combien l'inertie de nos institutions, la résignation de nos diplomaties et parfois la fatigue de nos peuples nous empêchent de répondre à cette mutation. De livre en livre, de tribune en tribune, j'ai tenté de dire ce que je voyais –

non pas pour imposer un regard, mais pour nommer ce qui, à mes yeux, risquait d'échapper à la conscience collective. Car ce qui menace le plus notre époque, c'est l'impuissance croissante de l'humanité face à elle-même. Nous sommes devenus notre propre adversaire, faute de volonté. La fidélité que je défends n'est pas un conservatisme. C'est une ligne de crête, la détermination à tenir bon dans un monde qui s'affaisse.

L'esprit de service

Dans la distance d'un exil imposé, je me suis souvent interrogé sur les sources de mon engagement. En retraçant les fils croisés de ma formation – du gaullisme au personnalisme, du catholicisme social à l'universalisme républicain, de la pensée Caraïbes aux idéaux des Suds –, je veux dire ce qui forme le cœur de mes convictions.

Ma jeunesse a été structurée par deux influences majeures : le gaullisme d'un côté, qui a marqué ma famille, issue d'une longue lignée d'officiers et de serviteurs de l'État ; un héritage chrétien de l'autre. J'ai grandi au Maroc, puis au Venezuela. Sur ces terres, j'ai vu des hommes et des femmes s'engager concrètement pour soulager la misère, au nom d'une foi ardente. Cet exemple m'a profondément marqué : j'y ai senti que l'amour évangélique n'était pas un dogme, mais une arme contre l'inégalité, un impératif de fraternité.

Ce double enracinement – gaulliste et chrétien – a imprégné tout mon parcours et demeure le socle de mon identité politique.

Lorsque j'évoque le gaullisme, je veux d'emblée dissiper une ambiguïté : être gaulliste, ce n'est pas idolâtrer le Général – c'est faire vivre, à son échelle, l'héritage d'une France libre, souveraine et généreuse, avec toute la diversité de ses composantes, libérale et sociale. Le gaullisme s'incarne d'abord dans le courage de la rupture, dans cette détermination à poursuivre une aventure à bien des égards hasardeuse – car ils n'étaient pas nombreux, ses compagnons, en 1940 –, une détermination née de la nécessité. C'est aussi une foi laïque dans le génie de la nation française. C'est enfin le souci constant de l'indépendance. C'est, au fond, une certaine idée de la liberté.

Mon identité politique puise également aux sources du catholicisme social. Je pense à ces figures du XIXe siècle comme Lamennais ou Le Play. Ils ont semé une idée audacieuse pour leur temps : la foi ne peut se vivre en surplomb, indifférente aux souffrances terrestres. Et, comme le général de Gaulle rompant avec son milieu et sa famille pour sauver l'honneur du pays, ils ont osé rompre avec une Église enfermée dans ses habitudes. Si la pensée chrétienne enrichit et inspire la vie de la cité, cela ne donne aucun droit aux Églises et aux clergés de s'imposer dans la vie publique. Je ne revendique pas une religiosité ostentatoire, je m'en méfie même, étant viscéralement attaché à la laïcité républicaine. Cela ne retire rien à l'apport intellectuel et moral décisif de la pensée catholique : servir l'autre, en particulier le plus vulnérable, est un impératif humaniste. Aucune société n'a de grandeur si elle oublie les plus faibles. Gouverner, c'est ne laisser personne sur le bas-côté. Cette obligation morale rejoint l'exigence du personnalisme, à travers des penseurs comme Jacques Maritain et Emmanuel Mounier, qui m'ont rappelé que la personne humaine est première, avant l'État, avant l'économie, avant tous les systèmes. En d'autres termes, une société juste est celle qui place l'homme au centre de tout. Pensée de l'engagement, c'est tout sauf une philosophie tiède et établie, car elle apprenait à se lever contre « les gens assis en chaire, à la tribune, dans leurs fauteuils, les gens satisfaits, les u-ni-ver-si-taires… » J'ai acquis la conviction qu'on ne gouverne légitimement qu'en visant l'épanouissement de chacun, sans jamais sacrifier l'humain aux abstractions idéologiques ou technocratiques. Ce principe, exigeant entre tous, rappelle que derrière chaque décision publique il y a des visages, des familles, des destins qui méritent considération et respect.

Mon engagement s'est tout autant nourri de l'universalisme républicain hérité de la Révolution française. La France moderne est née en 1789 d'un élan d'émancipation universelle, proclamant les Droits de l'homme et du citoyen. Je crois profondément que notre pays a pour vocation de porter cet universalisme – non pour donner des leçons, mais pour témoigner qu'un peuple peut s'unir autour de principes de fraternité humaine transcendant les origines et les croyances. Ces principes doivent être constamment défendus, régénérés. La Révolution de 1848, la Commune de 1871 : autant de secousses, autant de ruptures qui ont mis la question sociale au cœur du projet républicain. Il ne suffisait plus de proclamer des droits politiques, il fallait garantir la justice économique et la dignité de tous. Les sans-nom et les laissés-pour-compte ont, à plusieurs reprises, forcé l'Histoire à les entendre. Leur combat nous oblige et nous rappelle cette leçon simple : la République doit être sociale, sinon elle trahit son idéal.

Deux autres traditions majeures de notre histoire politique m'ont également inspiré : le libéralisme et le radicalisme. Le premier m'a transmis le goût de la liberté, le second celui de l'équilibre et de la mesure. Né lui aussi d'une rupture, avec l'absolutisme, le libéralisme politique français, du XIXe siècle jusqu'à nos jours, s'est exercé à une vigilance constante contre toute forme de despotisme, qu'il soit étatique ou social. Je crois à la nécessité de préserver cet équilibre si fragile entre l'affirmation de l'État républicain et la préservation des droits individuels : c'est ce que j'ai pu vérifier dans le monde entier, où j'ai vu combien la liberté est l'étincelle de la créativité collective. Mais cette liberté ne saurait exister dans l'indifférence ou l'égoïsme. C'est la leçon du radicalisme français tel qu'il s'est épanoui sous la IIIe République et s'est prolongé par la suite, de Georges Clemenceau à Pierre Mendès France. La modération n'est pas tiédeur, mais équilibre. La raison et la mesure ne sont pas du relativisme, mais le moyen de concilier innovation et fidélité.

Être fidèle à la France, c'est aussi embrasser la pluralité de son génie et, bien sûr, les voix d'outre-mer et postcoloniales qui ont enrichi notre conscience nationale. Au cours de ma vie, j'ai eu la chance de rencontrer et de cheminer avec de grands témoins, tels qu'Aimé Césaire, Léopold Sédar Senghor ou Édouard Glissant. Trois voix différentes, complémentaires, trois ruptures avec le dogme. Trois paroles libres. Ils m'ont appris à élargir ma vision de l'universalisme français, à le questionner, à le vivifier. Dans son *Discours sur le colonialisme*, Aimé Césaire renverse notre regard : il révèle les ombres trop souvent ignorées, les silences coupables de la civilisation européenne face à l'oppression. En l'écoutant, j'ai compris combien l'amour de la France exige la lucidité sur son passé et l'inclusion pleine et entière de ceux qu'elle a trop longtemps exclus. À côté de Césaire, la figure de Senghor incarne une autre leçon. Celle du lien fécond entre attachement à la France et ouverture à l'autre. Président-poète du Sénégal et chantre de la négritude, Senghor célébrait la part africaine de la civilisation et rêvait d'une « civilisation de l'universel », où chaque culture apporterait sa note. Enfin, Édouard Glissant m'a ouvert au Tout-Monde, cette vision faite d'entrelacs et de relations, où aucune identité ne se suffit à elle-même. Il nous invite à embrasser la complexité qui fait les cultures vivantes. À travers lui, j'ai appris qu'aimer la France, ce n'est pas la figer dans un récit unique, c'est au contraire l'inscrire dans le grand mouvement des peuples et des imaginaires.

Au-delà de nos rivages, mon imaginaire politique s'est nourri de l'humanisme des Suds à travers toutes ces luttes de libération qui ont marqué le XXe siècle. J'ai toujours ressenti un élan de solidarité avec celles et ceux qui, aux quatre coins du monde, se lèvent pour la dignité humaine, souvent au péril de leur vie. À ce titre, la décolonisation a été la rupture fondamentale, féconde, du XXe siècle. Elle nous a tous libérés. Elle a incarné, comme les luttes contre tous les totalitarismes, la promesse d'un monde nouveau. D'autres figures dissidentes à l'Est portent, elles aussi, cette exigence de vérité : Václav Havel, Alexandre Soljenitsyne, Andreï Sakharov ou Anna Politkovskaïa. Toutes ces grandes voix du monde, d'hier et d'aujourd'hui, ont tracé un sillon profond : celui d'une politique qui prend parti pour la liberté, la justice et la vérité partout sur la planète. Paris ne peut oublier Sarajevo, Grozny, Kigali, Srebrenica, Boutcha ou Gaza sans renier son âme.

La France universelle et la France incarnée

Toutes ces références pourraient paraître dispersées. Mais je les unis en moi à travers une vision de la France aux deux visages indissociables : la France universelle et la France terrestre. La France universelle, c'est l'idéal, l'âme de la nation, cette part de rêve et de transcendance qui élève notre patriotisme au-dessus du simple attachement matériel. C'est la France des cathédrales et des philosophes, la France des droits de l'homme et de la poésie. C'est elle qui m'émeut quand j'entends un étudiant chinois réciter un vers de Baudelaire ou que j'entends *La Marseillaise* retentir pour la paix. Face à elle, il y a la France aux mille incarnations, tout aussi aimée : la réalité concrète de notre pays, son peuple, son sol, sa langue vivante. C'est la France des villages et des quartiers, des fleuves et des forêts, des usines et des écoles. C'est la mosaïque de nos territoires, de la métropole à l'outre-mer. Cette France, ce sont des visages et des noms, des aînés qui nous ont transmis une langue, des artisans qui façonnent nos villes, des enseignants qui éclairent nos enfants, toute la longue chaîne des vivants et des morts qui fait de nous un peuple.

Cette vision politique s'est forgée dans les rencontres, dans les lectures, mais aussi dans les épreuves dont mon parcours a été jalonné. Dans le tumulte de l'affaire Clearstream, accusé à tort dans une sombre machination, j'ai combattu pour la vérité devant les tribunaux, tandis que la vie publique continuait sans moi. Ce fut une forme d'exil intérieur. Du jour au lendemain, après avoir occupé les plus hautes fonctions, je me suis retrouvé réduit au silence. J'ai vécu cette période avec d'autant plus de douleur qu'être blanchi – par deux fois – n'a pas suffi, tant la rumeur et la calomnie sont faites pour durer, pour se renouveler sans cesse, à la mesure de la lâcheté qu'elles nourrissent. Loin du pouvoir et de sa cour, je me suis ressourcé aux principes qui m'avaient toujours guidé. Ce silence n'était pas vide : il était peuplé de voix intérieures, de compagnons invisibles. Quand j'ai pu retrouver la parole publique, je l'ai fait sans rancune, sans esprit de revanche, mais avec la sérénité obstinée de celui qui sait pourquoi il agit. J'ai pardonné à ceux qui m'avaient combattu. Ce recul m'a permis de parcourir notre terre, d'écouter les douleurs des uns et les espoirs des autres. J'ai senti battre le pouls de la nation sans les filtres du pouvoir. Et j'ai compris que ma place, si modeste soit-elle désormais, serait toujours là où je pourrais être utile – dans l'action publique ou dans la société civile.

De toutes les grandes figures de l'Histoire et de la politique, je retiens que la rupture est une condition nécessaire du mouvement. Le courage de rompre avec la tradition ou l'habitude, avec l'opinion majoritaire, avec soi-même parfois. L'honneur du politique, c'est d'abord la capacité à savoir écouter, dialoguer, rester ouvert à l'évolution des sociétés.

En avril 1961, face à l'insurrection des généraux en Algérie, le général de Gaulle, saisi par l'émotion et la colère, envisage de dissoudre intégralement la Légion étrangère, suspectée de sympathie envers les putschistes. Pierre Messmer, alors ministre des

Armées, lui oppose un refus ferme : ancien officier de la Légion, il ne pourra pas contresigner un tel décret. Le Général, furieux, bondit de sa chaise et se dirige vers la fenêtre, contemplant longuement le parc de l'Élysée. Puis, revenant s'asseoir, il change simplement de sujet, évoquant soudain l'évolution des essais nucléaires. Cette capacité à accepter l'objection, à respecter la dignité de celui qui parle avec courage au nom de l'intérêt général, marque l'honneur véritable du politique.

En 1967, le général de Gaulle se trouve confronté à un autre choix difficile : celui de la contraception. Lucien Neuwirth, auteur de la proposition de loi autorisant la pilule contraceptive, défend ardemment cette réforme devant un président réticent, attaché aux valeurs traditionnelles de la famille et s'indignant de se voir obligé de « rembourser la bagatelle ». Pourtant, de Gaulle écoute et comprend finalement que cette évolution est nécessaire pour la liberté et l'indépendance des femmes françaises. Il accepte de revenir sur une conviction profondément enracinée, reconnaissant ainsi que gouverner implique parfois de faire évoluer ses propres certitudes pour rester fidèle à l'esprit même d'une France en mouvement.

En mai 1968 enfin, accablé par une crise qu'il peine à saisir, le Général part secrètement rejoindre le général Massu à Baden-Baden. Là encore, il écoute et comprend : Massu lui rappelle la nécessité de rentrer, de faire face, de reprendre l'initiative. En quelques heures, de Gaulle retrouve le souffle nécessaire pour rétablir la confiance et l'autorité de l'État, revenant à Paris pour renouer le dialogue avec la nation.

Après lui, d'autres présidents français ont su, eux aussi, incarner cette dignité particulière de la décision politique. Valéry Giscard d'Estaing, avec l'engagement de Simone Veil, en 1974, fait adopter l'interruption volontaire de grossesse par un Parlement au départ largement hostile, assumant avec lucidité les exigences d'une liberté individuelle fondamentale. François Mitterrand, en 1981, encouragé par Robert Badinter, prend une décision tout aussi difficile en abolissant la peine de mort malgré une majorité de Français encore attachés à son maintien, affirmant une idée supérieure de la dignité humaine et de la civilisation française. Enfin, Jacques Chirac, en 1995, lors de son discours au Vel d'Hiv, reconnaît avec solennité la responsabilité de l'État français dans la déportation des Juifs sous Vichy, rompant courageusement avec une lecture officielle longtemps restée confortable pour la mémoire collective.

Aujourd'hui encore, il est légitime de s'interroger : où sont les hommes d'État ? Quels sont les serviteurs de l'État capables d'être entendus par ceux qui nous gouvernent ? Face à une classe politique parfois désemparée, l'écoute sincère, le dialogue courageux, la capacité à apprendre et à infléchir ses positions restent les conditions premières d'une politique authentiquement responsable et fidèle à son honneur.

Faute d'un tel courage, les plus beaux élans sont condamnés à l'échec : les Printemps arabes se sont ainsi terminés dans une trahison de l'élan de liberté parce que la révolte sans ambition et sans vision ouvre la voie au despotisme et au chaos, comme ce fut le cas dans notre pays à plusieurs reprises, lors des Cent-Jours, de la Révolution de 1848 et du Front populaire. À l'inverse, parfois les peuples savent se hisser au-delà du ressentiment : en Afrique du Sud, Mandela a montré que libérer un peuple de l'oppression implique aussi de libérer les cœurs de la haine. Aujourd'hui encore, il faut refuser le déclin et la division, rompre avec les habitudes afin de bâtir une société pour nos enfants, et reprendre le fil d'un récit commun, celui du bonheur d'être français.

TABLE

Cet ouvrage a été mis en pages par

<pixellence>

CET OUVRAGE
A ÉTÉ ACHEVÉ D'IMPRIMER
SUR ROTO-PAGE
PAR L'IMPRIMERIE FLOCH
À MAYENNE EN JUIN 2025

N° d'édition : 668790-0. N° d'impression : 107206
Dépôt légal : juin 2025
Imprimé en France